# BIENVENUE À ÉDIMBOURG





W0472698

Détail d'une des façades du Parlement écossais, par les architectes Enric Miralles et Benedetta Tagliabue.
BMPix/Getty Images Plus

# Arriver à Édimbourg

## En train

Édimbourg a deux gares principales :
- **Waverley** (**F4**), en plein centre, entre Old Town et New Town,
- **Haymarket** (**B6**)**,** à 20mn à pied du centre-ville.

En provenance de Londres ou de Glasgow, les trains arrivent à Waverley (parfois à Haymarket depuis Glasgow).

**Renseignements** – ✆ (0345) 748 4950 ou (0345) 711 4141 - www.travelinescotland.com, www.nationalrail.co.uk ou www.scotrail.co.uk.

*voir aussi « Aller en train » p. 125.*

## En car

Tous les bus partent de **Edinburgh Bus Station** (**F3**), située à 5mn de la gare de Waverley.

National Express et Megabus assurent les liaisons avec l'Angleterre (compter 10h pour Londres, 25 £). Citylink relie Édimbourg au reste de l'Écosse.

www.nationalexpress.com, www.megabus.com, www.citylink.co.uk.

*voir aussi « Aller en bus » p. 125.*

## En avion

✆ 0844 448 8833 - www.edinburghairport.com. L'aéroport se trouve à 12 km à l'ouest de la ville. Sur place, bureau de change, distributeur bancaire et agences de location de voitures.

La gare de Waverley et le Balmoral Hotel.
extravagantni/Getty Images Plus

### Depuis l'aéroport d'Édimbourg

**Airlink** – www.lothianbuses.com. Les **bus n° 100, 200 et 400** (à impériale et de couleur bleue) permettent de rejoindre la gare de Waverley et le centre-ville - liaisons 24h/24 : ttes les 12mn en journée, ttes les 30mn la nuit ; arrivées et départs au centre-ville, au pont Waverley (plusieurs arrêts sur le trajet, notamment à la gare de Haymarket et Princes Street) ; trajet : 30mn - 4,50 £/7,50 £ AR. Achat du ticket sur place ou en ligne.

Au départ de l'aéroport, Airlink dessert d'autres quartiers d'Édimbourg (Ocean Terminal/Leith, Lauriston Place, Surgeon's Hall, Royal Infirmary).

**Tramway** – www.edinburghtrams.com - départ ttes les 7 à 15mn, de 6h18 à 22h48 ; aller 6,50 £/AR 9 £ - durée 30mn. Tickets en vente dans les distributeurs aux arrêts. La ligne dessert notamment la gare de Haymarket, Princes Street, la gare de Waverley (arrêt St Andrew Square).

**En taxi** – Un trajet jusqu'à Princes Street (env. 25mn) revient à 20 £, voire plus en fonction de la circulation. Réservation au ✆ (0131) 228 1211 et sur www.citycabs.co.uk.

*voir aussi « Aller en avion » p. 124.*

### Infos touristiques

249 High Street (près du Real Mary King's Close, *p. 29* **F5**) - ✆ (0131) 473 3820 - www.visitscotland.com ; www.edinburgh.org - 10h-16h30 (18h en juin, 19h en juil.-août).

# Nos incontournables

**notre sélection des plus beaux sites**

★ **Calton Hill** et ses panoramas ★★★,
Plan G3-4 - p. 65

★★ **New Town**
Plan C3-F4 - p. 58

★ **Princes Street Gardens**
Plan DE5 - p. 48

★★★ **National Museum of Scotland**
Plan F6 - p. 44

★★ **Palais et abbaye de Holyroodhouse** Plan H4 - p. 34

★ **Dean Village**
Plan C5-6, B3-4 - p. 69

★★★ **Royal Botanic Garden**
Plan CD1 - p. 72

★★ **Scottish National Gallery**
Plan E5 - p. 51

★★ **Château d'Édimbourg**
Plan DE5 - p. 17

★★★ **Rosslyn Chapel**
p. 77

# Nos coups de cœur

**Prendre de la hauteur pour contempler la ville en panoramique**. Du château *(voir p. 17)*, de Calton Hill (100 m, *voir p. 65)* ou, balade plus sportive, de l'ancien volcan d'Arthur's Seat (251 m, *voir p. 37)*, les panoramas sur la capitale sont superbes, en particulier à l'aube et en fin de journée.

**Suivre le Royal Mile... en faisant des sorties de piste**. De part et d'autre de l'axe prestigieux, perdez-vous dans le dédale des rues, passages et placettes affectionnés des flâneurs urbains, des fêtards... et des fantômes *(voir p. 24)*.

Luigi Di Pasquale/VisitScotland

Librairie Armchair Books.

Au printemps, en été, **se mettre au vert** en flânant, en bronzant ou en plongeant dans un bon livre au cœur du superbe Royal Botanic Garden *(voir p. 72)* ou des plus centraux Princes Street Gardens *(voir p. 48)*.

**Visiter New Town** *(voir p. 58)* en suivant les pas des personnages d'Alexander McCall Smith, dont *Les Chroniques d'Édimbourg* sont lues dans le monde entier.

**Arpenter les rues de Stockbridge** *(voir p. 70)* **et Dean Village** *(voir p. 69)*, hauts lieux de la bourgeoisie bohème d'Édimbourg. Dans ces quartiers-villages agréables et verdoyants, s'alignent cafés et enseignes bio.

**Se laisser emporter par la folle ambiance des pubs de Old Town**. Et en profiter pour écouter en concert, dans un club-cave bondé, les Franz Ferdinand du futur *(voir « Prendre un verre » p. 100, « Sortir » p. 114 et « Visites guidées » p. 134)*.

Flâner le long du **Farmers' Market** *(voir p. 110)* ou dans le marché bio de Stockbridge *(voir p. 112)* pour découvrir les produits de l'agriculture écossaise, les bières artisanales, les poissons fumés... Avant de les déguster dans l'un des bons **restaurants** de la ville où l'on revisite les recettes traditionnelles.

theasis/Getty Images Plus

Beltane Fire Festival.

**Dégoter des trésors dans les charity shops**, ces boutiques de seconde main où l'on trouve vêtements, livres et objets du quotidien, au sud du Royal Mile *(voir p. 108)*, à Stockbridge *(voir p. 112)* ou à Leith.

**Découvrir la fabrication du gin et du whisky à Holyrood Distillery** *(voir p. 135)*, au pied d'Arthur's Seat. Sans louper la dégustation, bien sûr !

**Célébrer le passage des saisons** en assistant aux cérémonies païennes de Beltane (30 avril) ou de Samhuinn (31 octobre) sur Calton Hill : danseurs, musiciens et acrobates offrent un spectacle enflammé à nul autre pareil. *Voir p. 136.*

**Reposer ses pieds** en empruntant l'un des fameux bus à impériale *(voir p. 133)* : confortablement assis à l'étage, il n'y a plus qu'à contempler la ville défiler en dessous. La meilleure place ? Celle tout devant, bien sûr.

**Éveiller ses papilles** en goûtant une grande variété de chocolats faits en Écosse au Chocolatarium et en fabriquant sa propre tablette... en forme de licorne ! *Voir p. 31*

Suivre le cours de la **rivière Water of Leith** *(voir p. 72)*, un trajet joliment fleuri au printemps qui permet de relier West End, Dean, Stockbridge à **Leith** *(voir p. 74)*, le port d'Édimbourg.

# Édimbourg en 3 jours

## Jour 1

### Matin

Il attire, s'impose. C'est en toute logique que votre séjour débute au **château d'Édimbourg★★** *(p. 17)* d'où le panorama sur la ville met en appétit. Le **Royal Mile★★** *(p. 24)* qui se déroule en contrebas sera votre fil rouge. Au passage, visitez la cathédrale **St Giles★★** *(p. 26)*.

### Midi

Goûtez le plat du jour à l'*Outsider (p. 91)* ou à *Under the Stairs (p. 91)*. Pressé ? Craquez pour un *hog roast roll* chez *Oink Canongate (p. 90)*.



### Après-midi

Même sans avoir abusé de bière locale, préférez les zigzags à la ligne droite pour poursuivre la découverte du Royal Mile (où les occasions de s'attarder sont multiples). Les **ruelles et passages** *(closes)* attirants qui s'en écartent ne manquent pas. À l'extrémité de l'axe historique, vous parvenez au **Parlement★** *(p. 32)* puis au **palais de Holyroodhouse★★** *(p. 34)*, résidence royale... qui vous rappelle que vous êtes en Écosse certes, mais encore au Royaume-Uni. L'après-midi s'achève au sommet de **Calton Hill★** *(p. 65)* ou de **Arthur's Seat** *(p. 37)* pour un panorama plus beau peut-être que celui du matin.

### Soir

De retour au pied du château, profitez des nombreux bons restaurants ou pubs au sud du Royal Mile *(p. 91-92)*.

**Prolongation**

Les musées de qualité ne manquent pas, ni les rues et parcs où flâner. On peut également choisir de s'éloigner un peu. Priorité à la **Rosslyn Chapel★★★** *(p. 77)* et ses incroyables décors sculptés. Vos fantasmes de châteaux écossais seront assouvis par **Hopetoun House★★** *(p. 84)* ou le **palais de Linlithgow★★** *(p. 86)*.

## Jour 2

### Matin

Partez à la découverte de **New Town★★** *(p. 58)*, ville nouvelle déployée à la fin du 18e s., formidable quartier tracé à la règle, celui du luxe, des maisons alignées, des places en ronds-points, des parcs privés et détails architecturaux à contempler. Plusieurs musées, dont la **Scottish National Gallery★★** *(p. 51)*, ou les pelouses des **Princes Street Gardens★** *(p. 48)* vous appellent ensuite.

### Midi

Découvrez la cuisine traditionnelle locale au *Dirty Dick's (p. 94)* ou sa version moderne chez *Noto (p. 96)*.

### Après-midi

Changez radicalement d'univers en traversant le Royal Mile vers le dédale médiéval de ruelles et d'escaliers d'**Old Town**. Les yeux scrutent d'imposants édifices, suivent la courbe parfaite et colorée de West Bow, avant de s'arrêter face aux pubs de **Grassmarket** *(p. 39)*. Après avoir traversé le **cimetière de Greyfriars**, profitez des collections fabuleuses du **National Museum of Scotland★★★** *(p. 44)*. Une pause ? Les vastes pelouses des **Meadows**, où se reposent les étudiants, vous attendent *(p. 42)*.

**Soir**

Vous avez découvert Old Town et New Town... prolongez le plaisir selon l'ambiance qui vous convient. Au nord : dégustation de whiskies, cocktails, restos chic, soirée jazz. Au sud, pub traditionnel, bistro moderne puis musique *live* au *Sandy Bell's (p. 115)* ou au *Liquid Room (p. 116)*.

## Jour 3

**Matin**

Découvrez le Édimbourg branché, bohème, dans les très agréables quartiers de **Stockbridge** *(p. 70)* ou du champêtre **Dean Village** *(p. 69)*.

**Midi**

Les cafés et bistros dans le vent – bio, locavore, végétarien – abondent dans ces quartiers *(p. 98 et 106)*.

**Après-midi**

En longeant la rivière Water of Leith, rejoignez le superbe **Royal Botanic Garden★★★** *(p. 72)*. Et/ou poussez jusqu'au port de **Leith** *(p. 74)*.

**Soir**

Leith est l'endroit rêvé pour déguster de délicieux fruits de mer *(p. 99)*.

theasis/Getty Images Plus

Vue sur la vieille ville d'Édimbourg et Arthur's Seat

Heineken

# VISITER ÉDIMBOURG





Les jardins de Princes Street au pied du château.
georgeclerk/Getty Images Plus

# Édimbourg aujourd'hui

## Une ville à taille humaine

Édimbourg est une cité spectaculaire dans tous les sens du terme, ouverte et pleine de verdure, située sur un ensemble de collines volcaniques et baignée par la mer. Un **site formidable** que l'on aperçoit parfois juste avant l'atterrissage, un survol qui permet d'en saisir d'un coup d'œil toute la beauté. Depuis les remparts du château perché sur son piton rocheux, ou depuis les pelouses de Calton Hill, le regard embrasse une collection de clochers, de tours horloges, de cheminées, de « falaises » construites, de lignes impeccables, de parcs trop verts pour être vrais. Fascinant, imposant ? Oui. Intimidant, écrasant comme peuvent l'être Vienne ou Saint-Pétersbourg ? Non. Au ras des pavés, on prend plaisir à découvrir un ensemble de quartiers aussi différents que proches. On arpente le centre d'un bout à l'autre en une demi-heure dans sa grande largeur ! De quoi pousser avec plaisir la balade dans les faubourgs.

Pour le marcheur, pas de frontière apparente entre le café ultra branché et le pub aux tables qui collent. Ils se côtoient. Tout cela, en toute décontraction. On ne ressent jamais ici cette prétentieuse mission d'excellence que s'infligent Paris ou Londres. Alors... :

## Plus belle que Londres ?

Oui ! La romantique capitale écossaise est considérée comme la plus belle ville de Grande-Bretagne. Plus harmonieuse que Londres, plus « glamour » que Glasgow, Manchester et Birmingham. Elle offre **diverses ambiances**. Bohème à Stockbridge, ouvrière à Leith, étudiante au sud du Royal Mile, ultra touristique à Old Town et très chic dans New Town.

Si on oublie les innombrables vitrines de magasins, on file droit le long des rues georgiennes tirées au cordeau à New Town. On serpente le long d'une rivière ou d'une succession de *crescent*. On grimpe de rudes escaliers, des ruelles pavées médiévales et même un ancien volcan. On s'allonge (bronze parfois) sur le gazon manucuré d'un parc immense ou sur le sable de la plage de Portobello. On peut frôler le vertige devant de superbes panoramas ou en respirant les vapeurs d'alcool dans des pubs bondés. Ainsi que l'asphyxie dans des souterrains hantés ! Ici les murs se parent de toutes les teintes de gris sans jamais être austères. Ils accrochent la brume. S'éclairent, s'assombrissent, changent de couleur avec la pluie, le soleil levant, couchant. Ce dernier utilise parfois Old Town comme un écran géant, un spectacle flamboyant à contempler de Princes Street.

## Une vraie capitale !

En 1999, Édimbourg est redevenue la capitale politique de l'Écosse, avec le retour du Parlement écossais, qui avait été aboli par l'Acte d'union en 1707, et l'entrée en fonction de son

Kenny Lam/VisitScotland

Le Parlement écossais, par les architectes Enric Miralles, Benedetta Tagliabue.

gouvernement autonome, dans le cadre de la politique de *devolution* (régionalisation). Certes, Édimbourg avait dit non à l'indépendance lors du référendum de 2014, mais le Brexit, contre lequel 74 % de ses habitants ont voté en 2016, est en train de changer la donne : c'est désormais une majorité qui aspire à sortir du Royaume-Uni. Fin 2022, une décision de la Cour Suprême britannique a refusé aux Écossais le droit d'organiser un référendum sans l'accord de Londres. Mais qui sait de quoi demain sera fait ? D'autant que la ville, avec ses administrations, ses consulats, ses stades, ses drapeaux écossais et son **dynamisme culturel**, a tout d'une vraie capitale !

Forte de ce statut de symbole et de vitrine de l'Écosse, la ville soigne son **patrimoine architectural**. Les édifices médiévaux de Old Town sont choyés et offerts aux touristes. New Town entretient ses lignes impeccables mais oublie d'être hautaine en attirant de nouvelles populations. On est loin de la ville musée, figée dans son prestigieux passé. Le paysage urbain se peuple de réalisations modernes. Certaines s'inscrivent avec discrétion. D'autres sont délibérément modernes, tel le nouveau Parlement ou le magnifique Quartermile de Sir Norman Foster, au sud de Old Town. Et, depuis 2014, un réseau de **tramway** relie l'aéroport au centre-ville (New Town) ; les travaux d'extension vont permettre d'aller jusqu'à Leith (courant 2023), son port si attachant.



## Comme un aimant

Lorsque le principal pilier de sa richesse – les services financiers et la banque – a été touché par la crise, la ville a puisé dans son histoire, son identité et la formidable ingéniosité de ses habitants pour aller de l'avant et attirer les visiteurs. Devenue vedette des catalogues de *citytrips*, Édimbourg reçoit chaque année 4 millions de touristes attirés par son atmosphère unique, les riches collections de ses musées que la pluie, une vraie bénédiction, pousse à visiter. De formidables **festivals** *(voir « Agenda culturel » p. 136)* s'ajoutent à la liste des aimants.

Peut-être trop de choses à voir en une seule fois. Une excellente raison pour prendre votre temps lors d'une première visite, qui en appellera une deuxième !

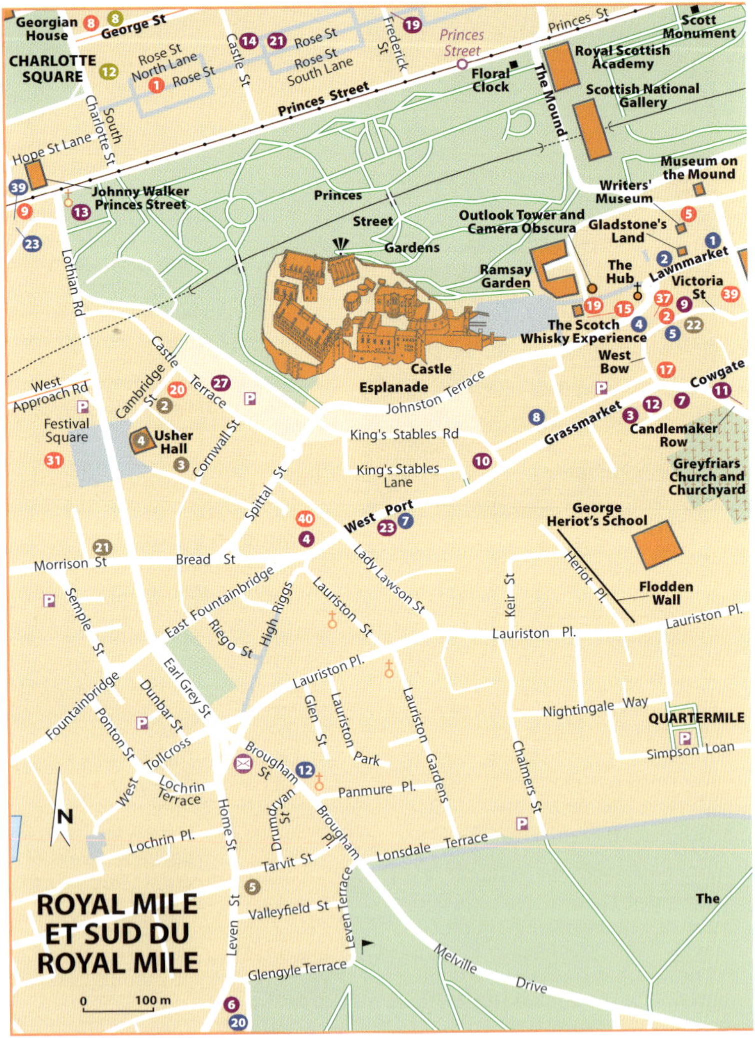
ROYAL MILE ET SUD DU ROYAL MILE
0 100 m
N
Georgian House
CHARLOTTE SQUARE
George St
Rose St North Lane
Rose St
Castle St
Rose St South Lane
Frederick St
Princes Street
Princes St
Floral Clock
The Mound
Scott Monument
Royal Scottish Academy
Scottish National Gallery
Museum on the Mound
Writers' Museum
Gladstone's Land
Lawnmarket
Victoria St
The Hub
Outlook Tower and Camera Obscura
Ramsay Garden
The Scotch Whisky Experience
West Bow
Cowgate
Candlemaker Row
Greyfriars Church and Churchyard
Grassmarket
Castle Esplanade
Johnston Terrace
King's Stables Rd
King's Stables Lane
Princes Street Gardens
Hope St Lane
South Charlotte St
Johnny Walker Princes Street
Lothian Rd
West Approach Rd
Festival Square
Castle Terrace
Cambridge St
Usher Hall
Cornwall St
Spittal St
West Port
Lady Lawson St
George Heriot's School
Heriot Pl.
Flodden Wall
Keir St
Lauriston Pl.
Morrison St
Bread St
Semple St
East Fountainbridge
Riego St
High Riggs
Lauriston St
Earl Grey St
Dunbar St
Fountainbridge
Ponton St
Tollcross
West Tollcross
Lochrin Terrace
Lochrin Pl.
Home St
Brougham St
Glen St
Lauriston Park
Lauriston Gardens
Panmure Pl.
Nightingale Way
QUARTERMILE
Simpson Loan
Chalmers St
Drummond St
Brougham Pl.
Tarvit St
Lonsdale Terrace
Leven St
Valleyfield St
Leven Terrace
Glengyle Terrace
Melville Drive
The

14

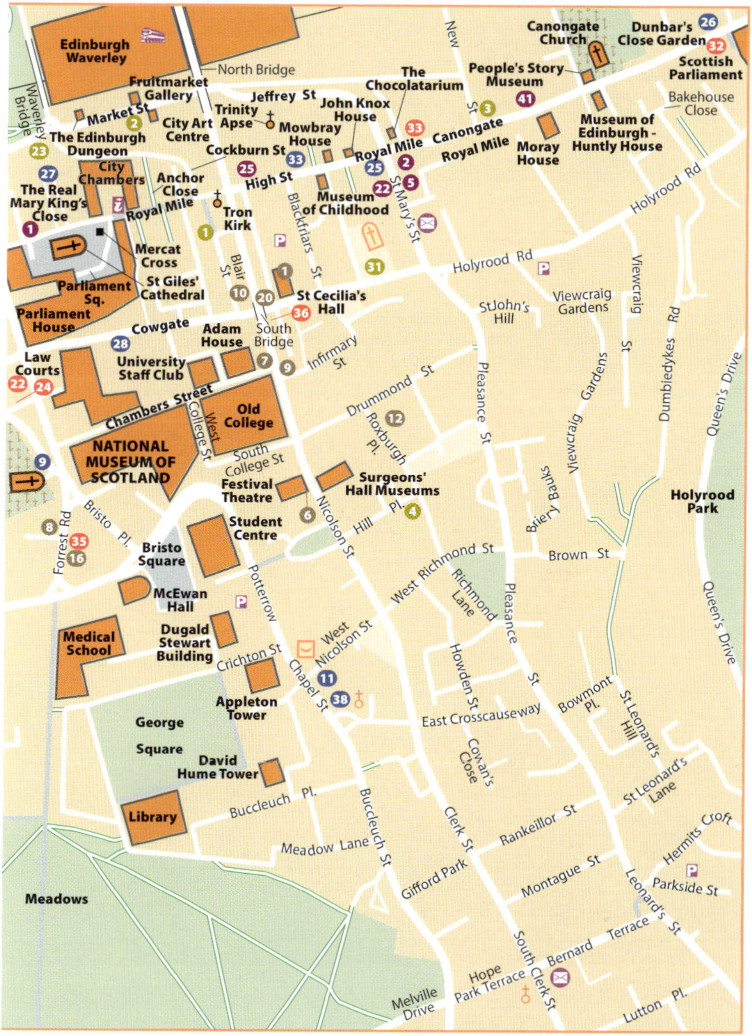
Edinburgh Waverley
North Bridge
Fruitmarket Gallery
Waverley Bridge
Market St
The Edinburgh Dungeon
City Art Centre
Trinity Apse
Jeffrey St
John Knox House
Mowbray House
Cockburn St
The Chocolatarium
People's Story Museum
Canongate Church
Dunbar's Close Garden
Scottish Parliament
Bakehouse Close
Museum of Edinburgh - Huntly House
Moray House
Canongate
Royal Mile
New St
City Chambers
Anchor Close
The Real Mary King's Close
Royal Mile
High St
Tron Kirk
Blackfriars St
Museum of Childhood
St Mary's St
Holyrood Rd
Mercat Cross
St Giles' Cathedral
Parliament Sq.
Parliament House
Blair St
St Cecilia's Hall
South Bridge
Cowgate
Adam House
Infirmary St
StJohn's Hill
Viewcraig Gardens
Viewcraig St
Law Courts
University Staff Club
Chambers Street
Old College
West College St
Drummond St
Roxburgh Pl.
Pleasance St
Dumbiedykes Rd
Queen's Drive
NATIONAL MUSEUM OF SCOTLAND
South College St
Festival Theatre
Surgeons' Hall Museums
Hill Pl.
Nicolson St
Briery Bauks
Holyrood Park
Bristo Pl.
Forrest Rd
Student Centre
Bristo Square
West Richmond St
Richmond Lane
Brown St
McEwan Hall
Potterrow
Medical School
Dugald Stewart Building
Crichton St
West Nicolson St
Chapel St
Howden St
Pleasance St
Bowmont Pl.
St Leonard's Hill
Appleton Tower
George Square
East Crosscauseway
Cowan's Close
David Hume Tower
Buccleuch Pl.
Buccleuch St
Clerk St
St Leonard's Lane
Library
Rankeillor St
Hermits Croft
Meadow Lane
Gifford Park
Montague St
Parkside St
Meadows
Leonard's St
Bernard Terrace
South Clerk St
Hope Park Terrace
Melville Drive
Lutton Pl.

**SE RESTAURER**
- Dirty Dick's ... 1
- The Grain Store ... 2
- Makars Gourmet Mash Bar ... 5
- Browns Brasserie ... 8
- Kyloe Restaurant ... 9
- Amber ... 15
- The Mussel & Steak Bar ... 17
- The Whitchery by the Castle ... 19
- Dine Edinburgh ... 20
- The Outsider ... 22
- Under the Stairs ... 24
- One Square ... 31
- Oink Canongate ... 32
- Wedgwood ... 33
- Mums ... 35
- The Pie Maker ... 36
- Oink Victoria ... 37
- Ondine ... 39
- Timberyard ... 40

**PRENDRE UN VERRE**
- Deacon Brodies Tavern ... 1
- The Jolly Judge ... 2
- The Castle Arms ... 4
- Bow Bar ... 5
- Dragonfly ... 7
- The White Hart Inn ... 8
- Greyfriars Bobby ... 9
- Pear Tree Beer Garden ... 11
- Cloisters Bar ... 12
- The Golf Tavern ... 20
- Ghillie-Dhu ... 23
- The World's End ... 25
- Clarinda's Tea Room ... 26
- The Devil's Advocate ... 27
- Cowgate BrewDog ... 28
- Forsyth's Tea Room ... 33
- 56th North ... 38
- Heads & Tales ... 39

**SHOPPING**
- Royal Mile Whiskies ... 1
- Ragamuffin ... 2
- Hawico ... 3
- Edinburgh Books ... 4
- Scottish Textiles Showcase ... 5
- Totty Rocks ... 6
- Fabhatrix ... 7
- Walker Slater ... 9
- Godiva ... 10
- Still Life ... 11
- Armstrongs ... 12
- One World Shop ... 13
- Treasure Trove ... 14
- Barbour ... 19
- Tiso ... 21
- Kilberry Bagpipes ... 22
- Armchair Books ... 23
- Hector Russel ... 25
- Edinburgh Farmers' Market ... 27
- The Fudge House ... 41

**SORTIR**
- St Cecilia's Hall ... 1
- Traverse Theatre ... 2
- Royal Lyceum Theatre ... 3
- Usher Hall ... 4
- King's Theatre ... 5
- Festival Theatre ... 6
- The Jazz Bar ... 7
- Sandy Bells ... 8
- The Royal Oak ... 9
- Cabaret Voltaire ... 10
- Assembly Roxy ... 12
- Ballie Ballerson ... 16
- Bannerman's ... 20
- Henry's Cellar Bar ... 21
- The Liquid Room ... 22

**SE LOGER**
- Ibis Edinburgh Centre Royal Mile ... 1
- Market Street ... 2
- Aparthotel Adagio Edinburgh Royal Mile ... 3
- Ten Hill Place ... 4
- Tigerlily ... 8
- Kimpton Charlotte Square ... 12
- Holiday Inn Express
- Motel One Edinburgh Royal ... 23
- Holiday Inn Express Edinburgh Royal Mile ... 31



## La ville aux sept collines

Depuis le château, les vues sur la ville expliquent mieux qu'une carte la géographie locale : Édimbourg est bâtie sur sept collines. Vous vous en rendrez aussi compte en escaladant et en dévalant sans cesse les ruelles ou en les observant du haut de ponts qui les enjambent de plusieurs dizaines de mètres. Trois d'entre elles, Castle Rock, Arthur's Seat et Calton Hill s'élèvent en plein centre-ville. Les autres, Corstophine Hill, Blackford Hill, Braid Hill et Wester Craiglockheart sont à quelques minutes en bus de là. Les deux premières sont dominées respectivement par le zoo et l'Observatoire royal. Tout comme Castle Hill, Arthur's Seat est une ancienne formation volcanique. Du haut de ses 251 m d'altitude, il est deux fois plus élevé que Calton Hill.

# Edinburgh Castle★★

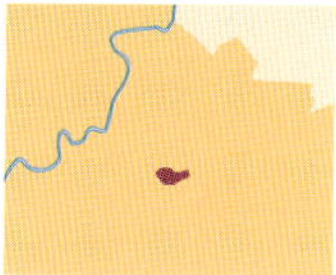

**(Château d'Édimbourg)**

**Perché sur le site stratégique de Castle Rock, le château est impressionnant sous tous ses angles. Sa silhouette, qui s'impose depuis chaque point de vue de la cité, évoque le rôle crucial que cette citadelle joua dans l'histoire de la ville. Tour à tour forteresse, résidence royale et garnison, le château rassemble une collection de bâtiments à l'aspect plus civil que militaire, établis sur plusieurs niveaux et reliés par des chemins pavés qui le font ressembler à un gros village.**

▶ **Accès :** le château se dresse à l'extrémité ouest du Royal Mile. La rue porte alors le nom de Castlehill.

▶ **Horaires et tarifs :** ✆ (0131) 225 9846 ou 668 8831 (billetterie) - ♿ (partiellement) - www.edinburghcastle.scot - avril-sept. : 9h30-18h ; reste de l'année : 9h30-17h - dernière entrée 1h av. la fermeture - les heures d'ouverture peuvent être modifiées pendant le Royal Edinburgh Military Tattoo et lors de manifestations - 18 £ (5-15 ans 11 £). Le château peut fermer si le vent est trop fort. Il est moins onéreux d'acheter son billet en ligne que sur place.

**Plan de quartier pp. 14-15. Plan détachable DE5.**

▶ **Conseils :** préférez la visite à l'ouverture ou en fin de journée. Les jeux de lumière sur la ville sont alors magnifiques, surtout lors d'une éclaircie de fin d'averse. Ne manquez pas le panorama offert du haut des remparts du château.



## Esplanade

Vaste terrain de parade créé au 18e s., l'esplanade sert de cadre à la manifestation la plus populaire du célèbre festival **Royal Edinburgh Military Tattoo** *(voir p. 137)* au cours duquel le château est illuminé.
Au-delà du fossé creusé dans les années 1650 par les troupes de Cromwell, le **corps de garde** (19e s.) a toute la majesté qui convient à sa fonction. Deux héros nationaux, Bruce **(1)** et Wallace **(2)**, sont placés de part et d'autre de l'entrée. Derrière ce poste se dressent les murs massifs de **Half Moon Battery** (bastion sur lequel étaient placés les canons), délimitant la ligne des défenses extérieures. C'est à ce niveau que se situe la billetterie.
Sur la gauche, une plaque **(3)** commémore la résistance stoïque de Kirkcaldy of Grange, en 1573, évoquée plus haut.

## Chambre de herse

Section la plus basse des fortifications, elle fut construite dans les années 1570 par le régent Morton dont vous remarquerez le blason parmi la décoration. La partie supérieure a été ajoutée au 19e s.

### Un peu d'histoire

Depuis sa fondation au 11e s., ce château fut l'un des enjeux des guerres anglo-écossaises, alternativement occupé par les uns et les autres ; en 1313, il eut à souffrir de démolitions causées par les Écossais eux-mêmes ! Au 16e s., le régent Morton renforça considérablement les défenses du château qui souffrirent de nouveau, en 1573, pendant la défense courageuse de sir William Kirkcaldy of Grange, luttant au nom de Marie Stuart. Finalement, Grange fut exécuté, et le château fut restauré et reconstruit. Dans les années 1650, les troupes de Cromwell s'en emparèrent et le château servit de garnison. Le 18e s. vit deux attaques jacobites, dont la seconde fut menée par Bonnie Prince Charlie en personne à partir de ses quartiers généraux situés à l'autre extrémité du Royal Mile. Les bâtiments visibles aujourd'hui servirent de garnison au cours des siècles derniers.

Un peu plus haut, Argyle Battery et **Mill's Mount Battery** sont deux ouvrages offrant d'excellentes **vues★★** sur Princes Street et la Nouvelle Ville avec le Firth of Forth en toile de fond. Depuis 1861, chaque jour (sauf le dimanche) à 13h, un canon **(4)**, posté sur la batterie supérieure, tire une salve. Cela permettait autrefois aux marins du port de Leith de régler leurs montres.

*Sur la gauche, entre le Red Coat Café et la maison du gouverneur (1742), prenez le chemin pavé menant à l'ancien Hôpital (1897) et au National War Museum of Scotland.*



## National War Museum of Scotland

*✆ (0300) 1236 789 - www.nms.ac.uk - ♿ - 10h30-16h30 - entrée comprise dans le billet pour le château.*

Installé dans un ancien magasin de munitions datant de 1755, ce musée rend hommage au rôle considérable joué par les Écossais, hommes de troupes et officiers, dans l'histoire militaire du Royaume-Uni, sur tous les fronts et dans toutes les guerres. On y voit des armes, sabres et fusils, des armures, des drapeaux, des médailles, des uniformes, des cornemuses, des photos et des tableaux, en particulier le célèbre *The Thin Red Line*, illustrant la bataille de Balaclava, en Crimée, en 1854, et la détermination farouche des soldats des Highlands, autrefois vêtus de la tunique rouge et du kilt. En fin de circuit, film silencieux sur l'ordinaire de la vie du soldat en guerre.

À l'arrière de la **maison du gouverneur** se dressent les **nouveaux casernements**, construits dans les années 1790 pour loger la garnison. Dans le prolongement, le petit bâtiment est une ancienne **prison**, datant des années 1840.

## The Royal Scots Dragoon Guards Museum

**(5)** *9h30-17h15 ; oct.-mars : 9h30-16h15 - ♿ - entrée comprise dans le billet pour le château.*

Ce musée est dédié au régiment de cavalerie écossais qui, fondé il y a plus de 300 ans, a participé à la bataille de Waterloo.

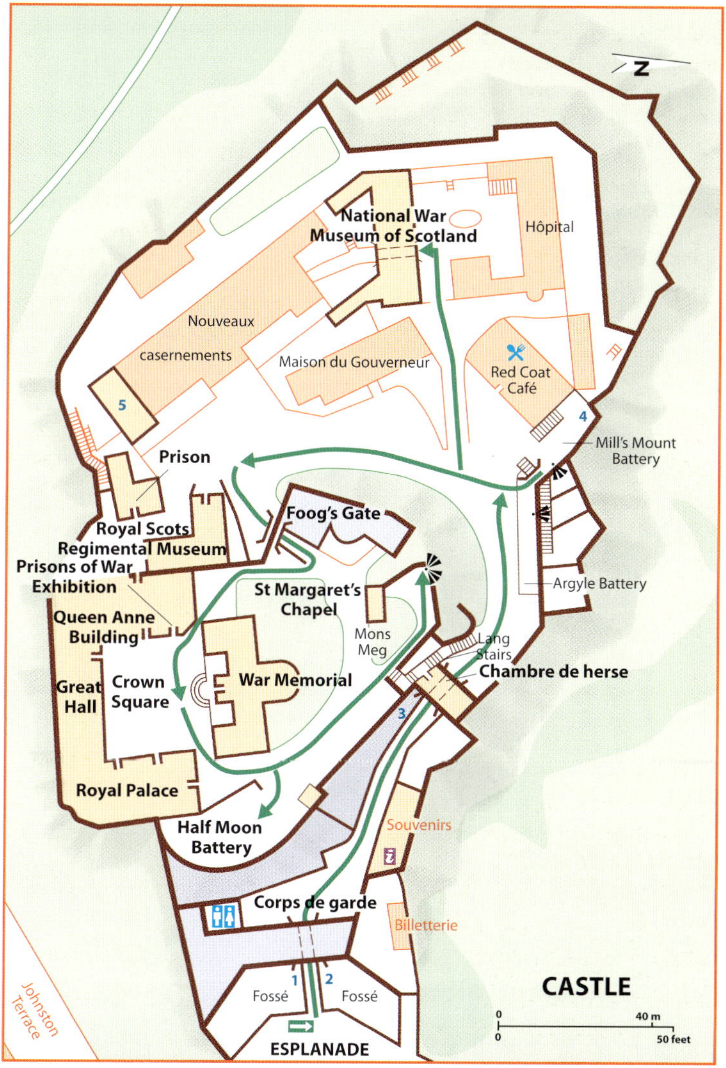
National War Museum of Scotland
Hôpital
Nouveaux
casernements
Maison du Gouverneur
Red Coat Café
5
4
Mill's Mount Battery
Prison
Royal Scots Regimental Museum
Foog's Gate
Prisons of War Exhibition
St Margaret's Chapel
Argyle Battery
Queen Anne Building
Mons Meg
Lang Stairs
Great Hall
Crown Square
War Memorial
Chambre de herse
3
Royal Palace
Half Moon Battery
Souvenirs
Corps de garde
Billetterie
1
2
Fossé
Fossé
ESPLANADE
Johnston Terrace
CASTLE
0
40 m
0
50 feet
N

## Royal Scots Regimental Museum

*(0131) 310 5015 - www.theroyalscots.co.uk - ♿ - 9h30-16h45 ; hiver : 9h30-15h45 - donation bienvenue.*
Le Royal Regiment est le plus ancien de l'armée britannique. Levée le 28 mars 1633, cette unité, qui servit d'abord le roi Louis XIII en France, fut définitivement rappelée en Grande-Bretagne en 1676. Les salles d'exposition retracent l'histoire du régiment : La Corogne, Waterloo, Alma, Sébastopol, le Bengale et la Birmanie, la Marne, Salerne, le Koweït, l'Irak et l'Afghanistan. La section des médailles est impressionnante.

## Foog's Gate

À l'origine, on accédait à la partie supérieure du château par l'escalier (le Lang Stairs actuel) situé à côté de la chambre de herse. Les réaménagements de niveaux ont entraîné l'ouverture de cette entrée du côté ouest.

## Crown Square

♿. Au second niveau se trouve le cœur de la forteresse médiévale et de la résidence royale. Quatre édifices délimitent une place carrée pavée, Crown Square.

## Scottish National War Memorial

*Côté nord - ♿.*
L'édifice originel du 18e s. fut transformé en mémorial de guerre de l'Écosse en 1924 par **Robert Lorimer** (1864-1929), l'une des figures de l'architecture écossaise de l'époque. L'extérieur, dont la ressemblance avec le palais de Stirling est frappante, a été parfaitement intégré aux bâtiments plus anciens.
À l'intérieur du mausolée, une vaste chapelle Art déco rend notamment hommage aux 150 000 soldats écossais tombés pendant la Première Guerre mondiale.
Les remarquables vitraux logés dans des ouvertures en plein cintre sont de Douglas Strachan (1875-1950), l'un des maîtres du vitrail écossais.

## Great Hall

*Côté sud.*
Construite au début du 16e s. pour Jacques IV, la **grande salle** fut transformée en caserne par Oliver Cromwell en 1650. Le principal attrait de ce logement spacieux réservé aujourd'hui aux grandes occasions (banquets royaux et d'État) est sa **charpente en carène renversée★★★**, remarquablement peinte, qu'une habile restauration du 19e s. a su mettre en valeur. Vous y verrez aussi des armures et un grand nombre d'épées, sabres et hallebardes accrochés aux murs.

## Prisons of War Exhibition

*Côté ouest.*
De 1757 à 1815, un millier de prisonniers de guerre français et américains (guerre d'Indépendance américaine, guerres d'Empire) ont été emprisonnés dans ces salles voûtées et sombres, situées sous les bâtiments de Crown Square. L'exposition revient sur leurs conditions de vie difficiles.

Les cellules et les dortoirs ont été reconstitués. Remarquez les graffitis sculptés par les prisonniers sur les portes de leurs cellules ainsi que divers objets qu'ils ont confectionnés, en particulier un modèle très détaillé d'un navire de guerre de l'époque.

## Royal Palace

*Côté est* - ♿.
Cette partie, qui date du 15e s., contient les appartements royaux qui dominent la Vieille Ville. L'intérieur fut spécialement réaménagé en 1617 pour Jacques VI, à l'occasion de sa seule visite de retour en Écosse après son installation à Londres.
*Entrez par la porte la plus proche du War Memorial.* Un parcours mettant en scène l'histoire du trône d'Écosse et de ses symboles mène en plusieurs salles aux **joyaux de la couronne écossaise★★★** (Honours of Scotland), à savoir une couronne, un sceptre et une épée, utilisés pour la première fois en 1543, lors du couronnement de Marie, reine des Écossais, alors qu'elle n'avait que quelques semaines. L'histoire des joyaux est rocambolesque : cachés dans cette salle après l'Acte d'union en 1707 (qui, rappelons-le, associait l'Écosse à l'Angleterre et rendait donc les attributs royaux écossais inutiles, *voir aussi p. 144*), ils n'ont été redécouverts qu'à l'initiative du grand écrivain **Walter Scott** (1771-1832). Père du roman historique et artisan de l'imagerie romantique écossaise, il insista pour qu'on les recherche, et c'est ainsi qu'en 1818 on retrouva la **couronne** incrustée de perles et de pierres précieuses, dont la datation et la provenance ne sont toutefois pas établies. Furent aussi retrouvés le **sceptre** et **l'épée** donnés à Jacques IV, le premier par le pape Alexandre VI Borgia (1492-1503), la seconde par son successeur, le pape Jules II (1503-1513), grand protecteur des arts.
Autre histoire incroyable, celle de la pierre de la Destinée (**The Stone of Destiny**), disposée en grande pompe à côté des joyaux de la couronne en... 1996 ! Il faut dire qu'elle a été récupérée 700 ans exactement après avoir été confisquée par Édouard Ier, qui l'avait installée sous le fauteuil du Couronnement à Westminster Abbey. Si certains lui ont prêté des origines lointaines (l'Égypte, la Palestine...), il a été prouvé, en 1998, que ce conséquent bloc de grès avait été taillé dans une carrière non loin de Scone. La pierre de



### Un sombre dîner

D'après la légende, les deux plus jeunes représentants de la puissante famille des Douglas, invités à festoyer dans le grand hall du château le 24 novembre 1440, auraient été décapités à la fin du banquet devant leur souverain, Jacques II d'Écosse, d'où le nom de **Black Dinner** (dîner noir) donné à cette soirée. Il est cependant plus probable qu'ils aient été saisis à leur arrivée puis rapidement jugés avant d'être exécutés en guise d'exemple pour les nobles écossais qui auraient voulu contester le pouvoir du roi, alors âgé de 10 ans.

la Destinée a été utilisée, durant des siècles, lors des couronnements des monarques écossais qui se tenaient à l'abbaye de Scone, aujourd'hui disparue.
En 2020, il a été annoncé que la pierre de la Destinée déménagerait à Perth dans un nouveau musée, qui devrait ouvrir en 2024.
*Entrez ensuite par la porte la plus proche du Great Hall.* Face à l'entrée, la chambre de la reine Marie Stuart abrite des portraits de son fils Jacques VI, de ses arrière-petits-fils Charles II et Jacques VII, ainsi que de son premier mari, le roi de France François II ; remarquez aussi le moulage en plâtre de l'effigie funéraire de Marie à l'abbaye de Westminster.
La petite **chambre** contiguë est celle où naquit Jacques VI en 1566. La décoration date de sa remise à neuf en 1617. Récemment restaurés, Laich Hall et ses boiseries remontent à la même période. À l'ouest du Royal Palace, se trouve une autre terrasse, qui offre un vaste **panorama**.



## Half Moon Battery

Depuis cette batterie construite après le siège de 1573, on comprend mieux l'importance stratégique du donjon qui contrôlait les voies d'accès au château et son entrée. Les sous-sols médiévaux de la tour sont ouverts au public.

## St Margaret's Chapel

Restaurée au 19e s., cette petite chapelle du 12e s. est l'un des plus anciens édifices d'Édimbourg, comme en témoigne l'arche romane que l'on découvre dans le sanctuaire. Elle fut construite par David Ier qui la dédia à sa mère Margaret, canonisée en 1250.
Ne manquez pas à côté **Mons Meg**, un canon vieux de 500 ans, fabriqué à Mons (dans le Hainaut) par le duc de Bourgogne en 1449. Il le donna huit ans plus tard à son neveu Jacques II, qui paya de sa vie son enthousiasme pour les bouches à feu, alors qu'il essayait un canon au siège de Roxburgh en 1460.
Au cours de sa longue carrière, Mons Meg aurait servi à Crookston (1489) et aux châteaux de Dumbarton (1489) et de Norham (1497) ; il aurait même passé quelque temps à la Tour de Londres. Walter Scott œuvra pour son retour, et l'énorme canon médiéval réintégra Édimbourg en 1829.

L'esplanade intérieure du château.
G. Masci/AGF RM/age fotostock

# Royal Mile★★

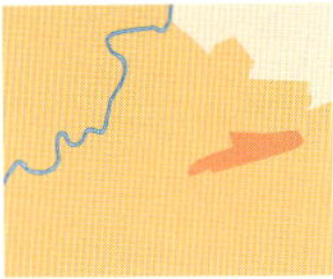

**Castlehill, Lawnmarket, High Street et Canongate s'additionnent pour former, entre le château et le palais de Holyrood, l'axe le plus prestigieux du pays. Si l'on en croit Daniel Defoe, l'auteur du roman *Robinson Crusoé*, le Royal Mile était au 18e s. « probablement la rue la plus large, la plus longue et la plus belle pour la qualité de ses édifices et le nombre de ses habitants, non seulement en Grande-Bretagne, mais également dans le monde ». Animée de jour comme de nuit, bordée des plus beaux édifices, la vénérable artère pentue du vieil Édimbourg n'a rien perdu de son attrait. Chaque édifice ou presque mérite une étape. Chaque ruelle et passage – annoncés en lettres dorées – invite à un détour.**

▶**Accès :** depuis Princes Street, accès par The Mound, Waverley Bridge puis Cockburn Street, North Bridge.

**Plan de quartier pp. 14-15. Plan détachable de E5 à G4.**

▶**Conseils :** un axe à arpenter à midi ou à minuit, au soleil ou sous la pluie, pour en saisir toutes les ambiances. Y consacrer une pleine journée.

Très pratique et complet, le site www.royal-mile.com recense toutes les adresses et monuments de l'artère.

*« Nos Adresses » pp. 90, 100, 107 et 118.*

## The Scotch Whisky Experience

*354 Castlehill - (0131) 220 0441 - www.scotchwhiskyexperience.co.uk - ♿ - janv.-mars et sept-déc. : 10h-18h ; reste de l'année se rens. - à partir de 19 £ (avec dégustation) - restaurant Amber avec spécialités écossaises (voir « Nos Adresses » p. 90).*

Dix-neuf producteurs de whisky ont investi des fonds considérables pour ouvrir ce centre d'exposition. Certes ultra touristique, le lieu a l'avantage d'être central, permettant à tous de découvrir facilement l'histoire et le processus de fabrication de l'*uisge-beatha* (l'« eau-de-vie » gaélique, à l'origine du mot whisky, *voir p. 153*), de la production de la tourbe jusqu'à la mise en bouteilles, en passant par le fonctionnement d'une distillerie. Le clou du spectacle : une collection de plus de 3 300 bouteilles anciennes. Durant la visite, le guide décrypte aussi les subtilités aromatiques des différents types de whisky et leurs caractéristiques régionales, avec dégustation à l'appui au bar, et... vous conseillera bien sûr pour l'achat d'une bouteille à la boutique (plus de 300 variétés !).

Depuis la sortie du Royaume-Uni de l'Union européenne, la quantité d'alcool que l'on peut rapporter dans ses valises est limitée *(p. 124)*.

## Outlook Tower and Camera Obscura

*Castlehill - ✆ (0131) 226 3709 - www.camera-obscura.co.uk - juil. : 9h-20h; août : 9h-21h; de sept. à mi-oct. : 10h-19h; reste de l'année se rens. - 18,95 £ (enf. 14,95 £) - informations en français.*
Depuis 1853, un mécanisme optique installé dans une **chambre noire** permet d'observer la ville. Du sommet de la **tour de guet**, on peut voir un panorama à 360°. En sus, exposition d'holographies et photographies 3D. Cher, mais amusant.

## Tartan Weaving Mill & Exhibition

*Castlehill - 9h-17h30, gratuit.*
Dans un vaste et ancien réservoir à eau du château, on verra cette modeste exposition sur les tartans doublée (surtout) d'une immense boutique de souvenirs. Au sous-sol, l'atelier de tartans en activité vaut tout de même un petit détour.

En tournant à gauche, on peut admirer **Ramsay Garden**, un ensemble de 16 appartements développé par l'urbaniste Patrick Geddes au 19ᵉ s., dans le but de faire revenir les élites dans la Vieille Ville, délaissée pour New Town.

## Gladstone's Land ★

*477b Lawnmarket - ✆ (0131) 226 5856 - www.nts.org.uk - visites guidées (45mn), jusqu'à 7 par jour en juil.-août, à partir de 10h30 (horaires de chaque jour affichés sur le site Internet, rubrique « Events ») - 7,5 £ (enf. 5 £).*
Cette étroite maison à six étages est typique de l'Édimbourg du 17ᵉ s., lorsque tous les bâtiments étaient bâtis en hauteur. La propriété fut acquise en 1617 par un marchand, Thomas Gledstanes, qui la reconstruisit et l'agrandit vers la rue. Une boutique est aménagée sous les arcades du rez-de-chaussée tandis que des appartements occupent les étages supérieurs. Celui du premier étage, avec ses **plafonds**

### Un petit goût de Moyen Âge

L'artère principale de la **Vieille Ville** part du château et descend la corniche en direction du palais de Holyrood. Le **Royal Mile** est en fait constitué par la succession de quatre rues : **Castlehill, Lawnmarket, High Street** et **Canongate**. Depuis cette route dévalaient sur les pentes de la colline une multitude de **closes**, ruelles étroites bordées de hautes maisons. Aujourd'hui, il reste peu de bâtiments d'origine, mais la plupart des maisons édifiées le long de la grand-rue respectent les canons de l'architecture du Moyen Âge et du début de la Renaissance (en particulier, les hautes façades surmontées de pignons ornés et les toits pointus). L'ensemble permet d'imaginer l'Édimbourg médiéval. Quelques édifices georgiens néoclassiques, victoriens et contemporains s'insèrent harmonieusement dans la ligne des façades. Des plaques apposées au-dessus des passages couverts répertorient les occupants célèbres ou infâmes, ainsi que les événements historiques qui ont eu lieu dans ces impasses.

**peints** d'origine, son lit écossais sculpté et ses coffres hollandais, est un bon exemple d'appartement du 17e s.

## Writers' Museum

*Au fond de l'impasse qui débouche juste à côté de Gladstone's Land. Lady Stair's Close - ✆ (0131) 529 4901 - www.edinburghmuseums.org.uk - 10h-17h - gratuit, donation bienvenue.*
Révisez votre littérature écossaise grâce à ce petit musée dédiée à trois de ses plus grandes figures : **Robert Burns** (1759-1796), **Walter Scott** (1771-1832) et **Robert Louis Stevenson** (1850-1894), dont les œuvres sont évoquées à travers divers manuscrits et souvenirs, dont la Ballantyne Press, sur laquelle furent imprimés les *Waverley Novels* de Walter Scott. Bien que fortement modifiée, **Lady Stair's House**, la maison citadine (1622) qui abrite le musée, mérite aussi votre attention : cette sorte de petit château tout en hauteur tire son nom d'une occupante de la fin du 18e s., la veuve de John Dalrymple, 1er comte de Stair.

## St Giles' Cathedral ★★

**Plan ci-contre.** *High St. - ✆ (0131) 226 0677 - stgilescathedral.org.uk - ♿ - lun.-vend. 10h-18h, sam. 9h-17h, dim. 13h-17h, visites guidées (10h30 et 14h30) - brochure en français - donation recommandée.*
**Histoire** – C'est ici que commence la section du Royal Mile connue sous le nom de **High Street**. La « High Kirk » d'Édimbourg est probablement la troisième église à occuper ce site. La première (9e s.) fut remplacée en 1126 par une construction romane, dont il ne reste que quatre piliers supportant la tour. Après son incendie par les Anglais en 1385, on éleva le présent édifice. De nombreuses modifications et restaurations ont radicalement changé l'aspect de cette église du 15e s. Les troubles de la Réforme provoquèrent la dispersion de nombreux autels et le transfert à Nor'Loch du précieux reliquaire et de la statue de saint Gilles. Catholiques et réformés contrôlèrent l'église à tour de rôle, jusqu'à la nomination au poste de pasteur en 1560 du réformateur **John Knox** (*voir p. 31*),



### Édimbourg, une capitale littéraire

La littérature écossaise est d'une fabuleuse richesse. Édimbourg en est depuis longtemps le berceau. L'imprimerie y fut introduite dès 1507. Quelques-unes des plus anciennes œuvres imprimées furent celles des poètes de la cour, **William Dunbar** (1460-1520) et **Gavin Douglas** (1475-1522) ; tous deux utilisaient la langue locale avec talent et appartenaient à un groupe de poètes appelé les Makars. Entre 1768 et 1771, la première édition de l'*Encyclopædia Britannica* y fut publiée. Dans la foulée, d'immenses écrivains tels **Walter Scott** et **Robert Louis Stevenson** à sa suite vont écrire des œuvres lues dans le monde entier. Cet attrait pour les lettres se poursuit dans les années 1920-1930, où des pubs chics comme le *Café Royal* et l'*Abbotsford* (*voir p. 104*) sont les lieux de rencontre. (*voir « Bibliothèque » p. 151*).

qui s'opposa bientôt à Marie Stuart. Cette église, la plus importante de la capitale, servit de lieu de réunion au Parlement et à l'assemblée générale et fut le témoin de nombreux événements officiels tels que l'adieu de Jacques VI à ses sujets écossais et, 200 ans plus tard, la visite de George IV en 1822. C'est aussi là que, en 2022, le cercueil d'Élisabeth II a été exposé pour un dernier hommage en Écosse avant de regagner Londres.

**Extérieur** – Vue de l'ouest, l'église est dominée par son **lanternon**★★★ en forme de couronne datant de 1495. L'extérieur de l'édifice a beaucoup perdu de son caractère initial suite aux travaux de maçonnerie au 20e s.
**Intérieur** – Le plan cruciforme original a été masqué par l'ajout de bas-côtés et de chapelles latérales. L'intérieur a été épargné par la restauration systématique apportée à l'extérieur.

*Effectuez la visite à partir de l'angle nord-ouest dans le sens des aiguilles d'une montre.*

Un certain style naturaliste et les couleurs très chaleureuses de la fenêtre du collatéral nord **(1)** caractérisent bien le travail (1886) des **préraphaélites** que furent Burne-Jones et William Morris – par ailleurs père du mouvement Arts and Crafts.

En remontant vers le chœur, on voit la statue **(2)** par Pittendrigh MacGillivray de **John Knox**, fondateur de l'Église presbytérienne et pasteur de St Giles.

Voûté d'ogives, le bas-côté Albany fut élevé en expiation du meurtre du duc de Rothesay en 1402. La travée suivante abrite l'imposant monument de marbre du 19e s. **(3)** dédié au 8e comte et 1er marquis d'Argyll (1607-1661), Archibald Campbell, qui fut exécuté devant la croix de marché (*voir Mercat cross,ci-contre*), quelques jours après que son rival, le marquis de Montrose (*voir ci-après*), eut été réhabilité et enterré de l'autre côté de l'église. Le vitrail héraldique décoré d'armoiries des principaux covenantaires évoque la foi des comtes signataires de la Ligue (*voir « Une histoire mouvementée » p. 142*).

Se placer à la croisée du transept pour admirer le grand vitrail nord **(4)** de Douglas Strachan (1875-1950), et comparer les nervures (15e s.) et la voûte d'arêtes du sanctuaire avec la couverture de la nef, légèrement plus récente.

En 1911, Robert Lorimer conçut la **chapelle du Chardon** (**Thistle Chapel**) en style gothique flamboyant et dédiée au Très Ancien Ordre du Chardon. En se plaçant sous la voûte en éventail et ses nombreuses clefs, on peut admirer les stalles et les dais richement sculptés en l'honneur du souverain et de ses seize chevaliers. Ces ouvrages remarquables ont été réalisés par des artisans du 20e s. et sont surmontés de casques, de cimiers et de bannières ; les armes des chevaliers sont frappées au dos des stalles.

Derrière la **chapelle Preston**, la chapelle latérale, connue sous le nom de **chapelle Chepman**, commémore l'homme qui introduisit l'imprimerie en Écosse sous le règne de Jacques IV (1488-1513). C'est là **(5)** que repose également le **marquis de Montrose** (1612-1650), un covenantaire (défenseur de la foi réformée) royaliste dont une brillante campagne en 1644-1645 fit la célébrité. La Restauration le réhabilita et fit exécuter Argyll pour trahison.

Dans la travée située au-delà de l'orgue se trouve un monument de marbre **(6)** du 19e s. dédié à James Stuart, comte de Moray (1531-1570) ; la plaque mortuaire en cuivre date du 16e s. Demi-frère de Marie Stuart et régent au nom de Jacques VI, il fut assassiné à Linlithgow en 1570. Le vitrail de Noel Paton **(7)** relate le fait et montre Knox prêchant aux funérailles de celui qui fut l'un de ses plus ardents partisans.

Le bas-relief **(8)** visible au bout du bas-côté Moray représente l'écrivain Robert Louis Stevenson.

À l'extérieur, à l'extrémité est de St Giles, vous verrez la **Mercat Cross** (croix de marché), située au centre des bourgs, autour de laquelle les marchands et négociants se réunissaient jadis pour tenir leurs

R. Harding/hemis.fr

Royal Mile, Castlehill.



transactions commerciales. La place servait aussi de lieu de célébrations, de manifestations, d'exécutions et de proclamations royales. Si la structure date du 19e s., le fût de la croix remonte au 16e s.

## Parliament House

*Parliament Square.*

Cet imposant bâtiment fut construit sur l'ordre de Charles Ier et conçu par son maître maçon **John Mylne**. Après l'Acte d'union de 1707, le Parlement perdit sa fonction. Sa transformation en palais de justice s'accompagna alors d'une métamorphose architecturale. Robert Adam et George Reid, deux célèbres architectes écossais du 19e s., l'ont rhabillé de l'imposante façade georgienne que vous contemplez aujourd'hui.

En face, de l'autre côté de High Street, se trouve la statue en bronze du philosophe et économiste **David Hume**, sculptée en 1995 par Alexandre « Sandy » Stoddart, une façon de rappeler que ce célèbre penseur des Lumières (1711-1776) est écossais, et plus particulièrement édimbourgeois.

## The Real Mary King's Close ★

*2 Warriston's Close, High St. (entrée accolée aux Chambers, angle ouest) - ✆ (0131) 225 0672 - www.realmarykingsclose.com - avr.-oct. : 10h-21h ; nov.-mars : 10h-17h, vend.-sam. 10h-21h - visites guidées ttes*

*les 15mn avec acteurs costumés - audioguide en français - 19,50 £ (-15 ans 12,95 £).*
Les **guides costumés** et le mobilier exposés dans ces caves voûtées souterraines recréent parfaitement l'atmosphère sombre et mystérieuse de la ville aux 16e et 17e s. L'accent est mis sur les horribles crimes qui y ont été commis, les épidémies qui ont frappé ses habitants et les fantômes qui hantent les lieux tel que celui de la petite Annie, à qui il est de coutume d'offrir une peluche ou une poupée que l'on dépose sur une montagne de jouets.
Contre le bâtiment des Chambers, à l'est, se trouve **Anchor Close**. Entre 1768 et 1771, on y imprima la première édition de l'*Encyclopædia Britannica*.



## City Chambers

*253 High St. - ne se visite pas.*
En 1753, la première Bourse royale (Royal Exchange) est construite pour remplacer la croix de marché comme lieu de réunion pour les marchands de la cité. Au 19e s., le conseil municipal s'installe dans le vaste bâtiment dont la façade classique fut dessinée par le fameux duo familial Robert et James Adam et qui a été plusieurs fois agrandi. Pour construire l'édifice, les maçons rasèrent les étages supérieurs des anciennes maisons médiévales de quatre ruelles, dont Mary King's Close, et se servirent des étages inférieurs comme fondations.
Sur les pavés, jetez un œil aux **empreintes des mains** des lauréats du Edinburgh's Award, dont J.K. Rowling, le romancier Ian Rankin ou encore la graveuse et sculptrice Dame Elizabeth Blackadder.

## Tron Kirk

*Angle de High St. et de South Bridge.*
Parfois donnée comme point de départ des visites guidées « fantômes » (*voir encadré p. 33*), cette église désaffectée fut construite au 17e s. et sa flèche remplacée au 19e s. L'édifice abrite un petit marché artisanal.

## Museum of Childhood

*42 High St. - (0131) 529 4142 - www.edinburghmuseums.org.uk - (partiellement) - 10h-17h - gratuit.*
Dédié à l'univers de l'enfance, ce petit musée plaira aux familles. Jeux, costumes, livres et poupées surfent sur la nostalgie.

### Old Tolbooth

Avant de devenir un lieu d'exécution publique, c'était un centre administratif qui récoltait le paiement des taxes routières et marchandes. Le bâtiment fut détruit en 1817 et le **cœur gravé du Midlothian**, sur le parvis de la cathédrale à gauche, matérialise son emplacement. La tradition veut que l'on crache en son centre pour se porter chance. Cela remonte au temps où les criminels le faisaient à la porte de l'édifice pour conjurer le sort. L'Old Tolbooth est évoqué dans le roman de Walter Scott, « La Prison d'Édimbourg ».

## Trinity Apse

*Chalmers Close, High St. - ne se visite pas sf lors des Journées portes ouvertes de sept. (Doors Open Days).*
Avec la cathédrale St Giles et l'abbaye d'Holyrood, cette chapelle gothique est le seul édifice rappelant l'architecture religieuse médiévale à Édimbourg. Malheureusement privatisée en 2010, on ne peut plus admirer sa nef lumineuse, tout en longueur. On se console avec l'extérieur, qui semble n'avoir pas changé depuis sa fondation par Mary de Gueldres, veuve du roi Jacques II d'Écosse. L'illusion est parfaite mais la chapelle a en réalité été entièrement reconstruite en 1872 à une centaine de mètres de l'endroit où elle avait été bâtie initialement. Le bâtiment originel de l'église fut détruit en 1848 pour laisser place à la gare de Waverley. La nouvelle église victorienne a repris des éléments d'architecture et des pierres sculptées de l'ancienne structure.
Plus bas, du même côté de la rue, **Mowbray House**, maison du 15e s. reconnaissable à son escalier, fut l'atelier du portraitiste écossais **George Jamesone** (1588-1644), le peintre des grands de son époque.

## John Knox House

*43-45 High St. - ✆ (0131) 556 9579 - scottishstorytellingcentre.com - tlj sf dim. 10h-18h (et dim. 12h-18h en juil.-août) - 6 £ (enf. 1 £).*
Ce pittoresque hôtel particulier, voisin de Mowbray House, fut probablement érigé avant 1490. Le mur ouest porte les armoiries de l'orfèvre James Mosman, dont le père dessina la couronne royale d'Écosse. La maison où John Knox serait mort en 1572 abrite une exposition évoquant la vie de ce prédicateur, qui conduisit la Réforme en Écosse et fit du presbytérianisme, directement issu de la doctrine calviniste, la tendance religieuse dominante. La pièce principale du 2e étage possède un intéressant plafond peint (1600).
La maison est reliée au **Scottish Storytelling Centre**, un édifice dessiné par le cabinet d'architectes Malcom Fraser. Le lieu est consacré au conte populaire. De nombreux événements y sont organisés.

## The Chocolatarium

*3-5 Cranston St. - ✆ (0131) 556 7005 - www.chocolatarium.co.uk - tlj 10h-17h - à partir de 19,50 £ (6-16 ans 14 £).*
Un petit musée du Chocolat qui met en valeur les origines de ce mets si particulier. En une heure et demie, on goûte à toutes sortes de chocolats et on passe même en cuisine pour réaliser sa propre barre. On aime la belle sélection de chocolats écossais dans la boutique du musée.

## Canongate

Le « chemin des moines » était jadis un bourg indépendant où noblesse, ambassadeurs et officiers royaux construisirent leurs résidences (certaines sont encore visibles), près du palais de Holyroodhouse.
Il ne reste de **Moray House** qu'un passage à montants pyramidaux flanqué d'un bâtiment à pignon. On y aurait signé l'Acte d'union en 1707.

## The People's Story Museum ★

*Canongate Tolbooth - 163 Canongate - ✆ (0131) 529 4057 - www.edinburghmuseums.org.uk - ♿ (partiellement) - 10h-17h - gratuit.*
Ce musée d'histoire populaire niche dans **Canongate Tolbooth** (1591), un magnifique exemple d'architecture du 16e s. avec sa flèche garnie de tourelles. À travers des présentations pittoresques, des documents, des photos ou des témoignages oraux et écrits, le musée donne un aperçu émouvant de la vie quotidienne en Écosse de la fin du 18e s. à nos jours.

## Canongate Church

*153 Canongate - ✆ (0131) 556 3515 - www.canongatekirk.org.uk - de mai à fin sept. : en général 10h30-16h30 - gratuit.*
L'église de Canongate fut construite en 1688 pour la congrégation que Jacques VII déplaça de l'abbaye de Holyrood lorsqu'il décida de convertir la nef en chapelle royale. Au-dessus de la façade sud de style flamboyant, on aperçoit une tête de cerf portant une croix, rappel de la légende associée à la fondation de l'abbaye de Holyrood (*voir p. 34*). Dans le **cimetière**, on verra les tombes d'Adam Smith et du jeune poète édimbourgeois Robert Fergusson, dont la sépulture fut offerte par Robert Burns. Belle vue sur Calton Hill.

## Museum of Edinburgh

*Huntly House, 142 Canongate - ✆ (0131) 529 4143 - www.edinburghmuseums.org.uk - 10h-17h - gratuit.*

La **Huntly House** réunit trois hôtels particuliers du 16e s., accueillant un musée dédié à l'histoire locale de la ville, de ses origines à nos jours. Quelques salles sont ornées de lambris (18e s.). La collection d'argenterie comprend en particulier quelques belles pièces du 18e s. Le musée possède un exemplaire original sur parchemin du *National Covenant* (1638), un texte majeur de l'histoire écossaise, qui visait à limiter les ingérences de la couronne britannique. Les amateurs de la série *Outlander* seront ravis de reconnaître un lieu de tournage dans Bakehouse Close, juste à côté de l'entrée du musée.

## Dunbar's Close Garden

*137 Canongate - tlj 7h-16h - accès libre.*
Ces modestes jardins cachés offrent leurs bancs aux marcheurs fatigués. « Découpés » telle une maison en plusieurs pièces, ils mêlent des arbres fruitiers, des buissons parfaitement taillés, des fleurs et des carrés de pelouses. Réduits et remaniés, ils permettent néanmoins d'imaginer les espaces verts et plantés qui prolongeaient les demeures du Royal Mile au 17e s., tracés en fonction de la largeur des façades de ces dernières.

## Scottish Parliament ★

**Plan détachable H4** *✆ (0131) 348 5200 ou 0800 092 7600 - www.parliament.scot - ♿ - horaires variables, se rens. - gratuit.*
**Extérieur** – Inauguré en 2004, l'édifice du nouveau Parlement écossais est situé au coin de Canongate et de Horse Wynd, face à la Queen's Gallery (*voir*

### Circuits « fantômes »

Un bon moyen de découvrir les ruelles de la Vieille Ville est de suivre une des balades guidées par des acteurs en costumes qui racontent (en anglais) des histoires effrayantes de crimes et de fantômes... Ils vous emmènent, de jour ou de nuit, dans les cimetières et les lieux « hantés » les plus sombres de la ville.
**Auld Reekie Tours** – Dép. devant le 300 Lawnmarket - ✆ (0131) 225 9044 - www.auldreekietours.com - 14/16 £.
**Mercat Tours** – Dép. devant la Mercat Cross - ✆ (0131) 225 5445 - www.mercattours.com - à partir de 20 £
**City of The Dead Tours** – Dép. devant la cathédrale St Giles - ✆ (0131) 225 9044 - www.cityofthedeadtours.com - à partir de 16 £ (enf. dès 12 ans 14 £).
**Cadies & Witchery Tours** – Dép. devant le restaurant The Witchery, 352 Castlehill (en cas d'événements spéciaux au château, un autre lieu de RV est prévu) - ✆ (0131) 225 6745 - www.witcherytours.com - à partir de 13 £ (enf. 9 £).

*p. 37)*. Il a été conçu par l'architecte catalan **Enric Miralles** qui a bravé les polémiques en refusant d'appliquer à cet édifice hautement symbolique le style architectural néomédiéval qui prévaut le long du Royal Mile, pour édifier un complexe à l'architecture résolument moderne. L'architecte a construit autour de Queensberry House, datant de 1681, un labyrinthe composé de cinq bâtiments. Il a utilisé, à l'extérieur, des motifs décoratifs insolites, comme des citations de poètes nationaux gravées dans le béton.
**Intérieur** – Il est encore plus spectaculaire. Sous d'immenses verrières soutenues par des charpentes en chêne, la salle des débats se déploie en amphithéâtre. C'est l'un des lieux préférés des visiteurs avec l'audacieux hall central. Si l'histoire politique vous intéresse, ne manquez pas l'**exposition** qui raconte comment la création de ce Parlement a été rendue possible, près de trois siècles après l'Acte d'Union, et en décrit les missions.

## Our Dynamic Earth

**H5** *Derrière le Scottish Parliament, le long de Holyrood Rd - ✆ (0131) 550 7800 - www.dynamicearth.co.uk - ♿ - déc.-mars : merc.-dim. 10h-16h, w.-end 10h-17h30 ; avr.-juin : merc.-vend. 10h-16h, w.-end 10h-17h30 ; juil.-août : 10h-17h30 - dern. entrée 1h30 av. fermeture - tarifs en ligne : 17,50 £ (4-15 ans 10,95 £).*
Ce complexe est installé sous une étonnante structure composée d'auvents en ogive, tendus sur des mâts obliques, dessinée par Michael Hopkins en 1999. Une exposition novatrice utilisant des moyens technologiques spectaculaires (vidéos, 3D, effets spéciaux, vitrines interactives) présente un voyage à travers l'histoire et l'environnement de la planète, des pôles aux forêts tropicales en passant par les déserts. Des animations spéciales sont proposées dans un amphithéâtre en pierre pouvant accueillir jusqu'à 1000 spectateurs.

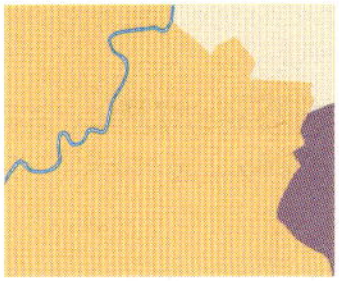

# Holyrood★★

**À l'extrémité est du Royal Mile se dressent le palais de Holyroodhouse, résidence officielle du souverain en Écosse, ainsi que les ruines de la nef de l'abbaye séculaire. On aperçoit, en arrière-plan, les pentes vertes et les rochers escarpés du parc de Holyrood qui monte vers Arthur's Seat.**

▶**Accès :** par le Royal Mile ou dans le prolongement de Cowgate depuis la Vieille Ville, par Calton Road depuis la Ville Nouvelle.

**Plan détachable H4.**

▶**Conseils :** munissez-vous de bonnes chaussures si vous avez l'intention de gravir les pentes d'Holyrood Park.

*« Nos Adresses » pp. 102 et 118.*

## Palais et abbaye de Holyroodhouse ★★



**H4** *Accès par Canongate ou Holyrood Rd - ✆ (0131) 556 5100 - www.rct.uk - ♿ (partiellement) - palais et abbaye : 9h30-18h (dernière entrée 16h30) ; nov.-mars : 9h30-16h30 (dernière entrée 15h15) - fermé mar., merc. et pdt visites royales - 18 £ quand on réserve en avance (5-17 ans 10 £), audioguide français inclus ; billet combiné avec la Queen's Gallery (fermée jusqu'en 2024 pour maintenance).*

### Palais (Palace of Holyroodhouse)

**Extérieur** – La fontaine est une copie du 19e s. de celle de Linlithgow *(voir p. 86)*. La façade d'entrée est la dernière partie du palais à avoir été reconstruite car il fut envisagé de préserver la façade élevée par Jacques IV. Flanquée de colonnes, la porte est surmontée des armoiries de l'Écosse (remarquer les licornes en soutien), d'un fronton brisé, d'une coupole et d'une couronne. Les bâtiments de la cour intérieure constituent un superbe exemple du style Renaissance de la période Stuart, un des premiers en Écosse. La superposition des ordres, les proportions générales, les arcades et le fronton composent un ensemble très élégant.

**Intérieur** – Exceptionnels, les sept **plafonds**★★★ en haut-relief sont le fruit de dix ans de travail des maîtres **John Halbert** et **George Dunsterfield**. Spectaculaire, le grand escalier conduit au portrait de la reine Élisabeth II, représentée ici par son peintre officiel, David Donaldson. Outre leurs plafonds, les **appartements d'État** recèlent d'autres merveilles, comme le portrait de George IV en costume des Highlands par David Wilkie, dans la salle à manger. Redécorée dans les années 1920, la salle du trône expose les

Arthur's Seat.
Tonygers/Getty Images Plus

### Histoire du palais de Holyroodhouse

La légende veut que **David Ier**, désarçonné et blessé par un cerf pendant qu'il chassait, aurait saisi dans un geste de défense les bois de l'animal et se serait aperçu qu'il tenait un crucifix. C'est pour montrer sa reconnaissance envers Dieu que David aurait fondé l'abbaye augustinienne de Holy Rood (Saint-Crucifix) en 1128 et aurait accordé aux chanoines la possibilité de fonder leur propre bourg, Canongate. L'abbaye médiévale prospéra et bénéficia du soutien des rois Stuart au 15e s.

**Les monarques en résidence**

- Une maison d'hôtes, au sein de l'abbaye, fut utilisée comme résidence royale de préférence au château. **Jacques IV**, qui voulait faire d'Édimbourg la capitale de son royaume, commença à transformer la maison d'hôtes en palais en y ajoutant la tour nord-ouest, qui existe toujours. Les travaux continuèrent après sa mort à Flodden (1513).
- **Jacques V** y élut aussi domicile (il y sera d'ailleurs enterré) et on peut encore visiter les appartements de sa fille, **Marie Stuart**, qui vécut six ans à Holyrood.
- Une fois **Jacques VI**, le fils de Marie Stuart, couronné roi d'Angleterre en 1603, la présence royale diminua.
- L'abbaye connut un bref moment de gloire avec le couronnement de **Charles Ier** en 1633.
- Le dernier occupant royal à temps plein fut Jacques, **duc d'York** (le futur **Jacques VII**) ; il y demeura de 1679 à 1682, représentant l'autorité suprême pour le compte de son frère Charles II.
- Depuis le règne de la reine Victoria, le château est redevenu une résidence royale, où se rendait fréquemment **Élisabeth II**.



portraits du roi Charles II et de son frère Jacques VII, en compagnie de leurs épouses, et de la reine Victoria habillée pour son sacre. Dans le salon du soir se trouvent des encadrements de porte sculptés et des tapisseries de Bruxelles du 18e s. Le salon de jour est assurément le plus beau, avec sa décoration somptueuse (médaillon du peintre néerlandais Jacob de Wet ornant la face de la cheminée et **tapisseries** françaises du 17e s. décrivant l'histoire de Diane).
Dans la chambre du roi se trouvent un flamboyant lit rouge (1672) et un plafond comportant un médaillon de De Wet représentant l'Apothéose d'Hercule. Les murs de la grande galerie sont tapissés de portraits, dont un grand nombre sont imaginaires ; quelques-uns représentent réellement des rois écossais, de Fergus Mòr (6e s.) à Jacques VII. Observez bien : ils ont tous le même nez !
Les **appartements historiques** de la tour ronde (16e s.) occupent deux étages. Ils ont été réaménagés vers 1672 quand sols et plafonds furent adaptés aux modifications décidées par Bruce. On y verra de

nombreux souvenirs liés à Marie Stuart. L'antichambre comporte des tapisseries de Mortlake (17e s.) provenant des ateliers fondés par son fils Jacques VI. À l'étage, deux ravissants **plafonds à coffrages** (16e s.) retiennent l'attention du visiteur ; le premier est orné de motifs peints. C'est dans la petite pièce communiquant avec la chambre que le secrétaire italien de la reine Marie Stuart, Rizzio, fut assassiné en 1566, bien que son corps eût été trouvé à l'extérieur de la chambre (une plaque de cuivre indique l'endroit). Des peintures représentent le second époux de Marie Stuart, **Henry, lord Darnley** (1546-1567), en compagnie de son frère alors qu'il était âgé de 17 ans. En descendant, remarquez le portrait de sir William Bruce, architecte du palais, par Medina.

## Abbaye (Holyrood Abbey)

La nef sans voûte est le seul vestige de cette abbaye autrefois grandiose. Elle date principalement de la fin du 12e s. et du début du 13e s., époque dont on peut voir quelques beaux détails sculptés. Comparer le réseau d'arcatures cintrées et aveugles (12e s.) du collatéral nord avec l'ouvrage en arc brisé (13e s.) lui faisant face. L'élévation de la partie sud témoigne du tracé conçu au 13e s.

La reine Victoria fit reconstruire le caveau royal après sa destruction suite au départ du catholique Jacques VII. David II, Jacques II, Jacques V et lord Darnley, père de Jacques VI, sont enterrés ici.

Située en avant des grilles de Holyroodhouse Palace, au coin d'Abbey Strand et de Horse Wynd, la **Queen's Gallery**, installée dans une église désaffectée, est un lieu d'expositions temporaires thématiques consacrées aux trésors artistiques de la Royal Collection. *Avr.-oct. : 9h30-17h ; nov.-mars : 9h30-15h30 - 7,80 £ (5-17 ans 4 £) ; billet combiné avec le palais 22 £ (5-17 ans 12 £). Fermeture jusqu'en 2024.*

## Holyrood Park

**H4-H7** Le **parc d'Holyrood**, le plus grand espace vert à l'intérieur de la ville, est dominé par **Arthur's Seat** et les **Salisbury Crags**, deux formations d'origine volcanique.

Ces derniers sont à peine à dix minutes de marche du palais d'Holyroodhouse

Ruth Peterkin/Getty Images Plus

L'abbaye de Holyroohouse.

Le palais de Holyroodhouse.

par l'un des **sentiers** partant de Queen's Drive. De nombreuses voies de difficultés variées mènent à **Arthur's Seat**. Celle qui part du parking situé sur Queen's Road permet d'y accéder en 30mn (1h A/R). Comptez 1h45 A/R par la « Blue Route ». Il suffit de suivre les flots de marcheurs qui se lancent dans l'ascension de la colline. Bien que d'altitude modeste (251 m), le promontoire offre un superbe **panorama★★** à 360° sur Édimbourg et ses environs.
Depuis bien longtemps, une tradition païenne veut que l'on grimpe Arthur's Seat le 1er Mai à l'aube (le lendemain du *Beltane Fire Festival, voir encadré p. 66*), et que l'on se mouille le visage avec la rosée. Selon la légende, ce geste serait source de beauté éternelle pour les femmes.
D'en haut, on aperçoit au nord-ouest les ponts traversant le Firth of Forth, Leith au nord et au loin le village de **Duddingston**, érigé dans un cadre remarquable entre le parc et le lac (qui abrite un refuge d'oiseaux, le **Duddingston Loch Bird Sanctuary**).
L'église du 12e s. (**Duddingston Kirk**) possède quelques caractéristiques de l'architecture romane et une plaque marque, sur Causeway, la maison qui aurait accueilli en 1745 Bonnie Prince Charlie. Une pause méritée au pub *Sheep Heid Inn* conclura cette balade vivifiante *(voir « Nos Adresses » p. 102)*.

# Au sud du Royal Mile

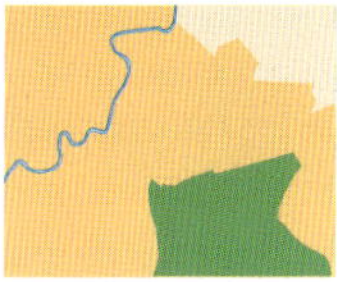

**Le flanc sud de la colline du château et la plaine qui le prolonge forment avec le Royal Mile l'une des parties les plus anciennes de la Vieille Ville (Old Town) mais aussi l'une de celles qui présentent le plus de contrastes. Ici, parcs, squares et même un cimetière verdoyant côtoient les ruelles étroites et également d'imposants édifices aux styles variés tels celui, Renaissance, de la George Heriot's School et ceux, contemporains, du National Museum of Scotland.**

▶**Accès :** quartier situé immédiatement au sud du Royal Mile autour de Grassmarket et du National Museum of Scotland.

**Plan de quartier pp. 14-15. Plan détachable EF5-6.**

▶**Conseils :** comptez au moins une grosse demi-journée pour visiter le passionnant National Museum of Scotland.

*« Nos Adresses » pp. 91, 102, 108, 115 et 119.*



## Victoria Street et West Bow ★

Cet axe courbe descendant du **Royal Mile** vers **Grassmarket** (l'ancien marché aux bestiaux) était l'un des principaux accès à la ville. Bordée de maisons abritant boutiques et restaurants peints de couleurs vives, elle est la rue la plus charmante et la plus photogénique de la Vieille Ville.

## Grassmarket

De cette place, belle vue sur le château qui, du haut de ses falaises, semble imprenable. C'est ici que se tint du 15e s. au début du 20e s. le marché aux bovins d'Édimbourg. Un espace clos par une grille signale l'emplacement de la potence à laquelle le capitaine Porteous fut pendu par un groupe d'habitants en 1736 pour avoir fait tirer sur une foule qui protestait contre l'exécution de contrebandiers ; c'est là aussi que l'on martyrisa une centaine de covenantaires, un groupe de protestants qui s'opposaient à l'imposition d'une religion d'État différente. Aujourd'hui s'y tient chaque samedi un marché où l'on trouve des spécialités gastronomiques locales.
À l'angle sud-ouest, **West Port** indique la porte occidentale de la ville. Cette place semi-piétonne accueille pubs et restaurants.

## Cowgate

Bien que située à l'extérieur de l'enceinte originelle de la ville, Cowgate, au sud-est de la place, était, au 16e s., une belle rue dans un quartier élégant. Très encaissée – tel un canyon urbain – et ayant un peu perdu de sa superbe, elle passe aujourd'hui sous les ponts George IV et South Bridge. Les clubs qui la bordent lui assurent une animation bruyante en fin de semaine.

## Greyfriars Church and Churchyard

*Greyfriars Pl. - ✆ 0131 225 1900 - greyfriarskirk.com - ♿ - avr.-oct. : 10h30-16h30, sam. 12h-16h ; reste de l'année se rens. - visite guidée (30mn, 8 £). Cimetière ouvert 24h/24.*

L'église, bâtie en 1612 à l'emplacement du monastère franciscain, a été profondément modifiée. C'est dans cet édifice que fut signé l'un des textes majeurs de l'histoire écossaise, le **National Covenant** (1638, *voir p. 143*), dont on peut voir une copie à l'intérieur.

Le **cimetière** engazonné et arboré occupe une petite colline. Surmonté par les façades des maisons de Candlemaker Row, il est traversé par un pan du **mur de Flodden** : cette enceinte fut construite en 1513 pour protéger la ville après la bataille du même nom, perdue contre les Anglais. Le lieu est imprégné d'une atmosphère étrange, renforcée par les sculptures qui ornent de nombreuses sépultures anciennes, représentant un crâne et des os croisés, comme un drapeau de pirates. Un monument est dédié aux martyrs covenantaires (mur nord-est) capturés en 1679 et retenus pendant cinq mois dans une prison aujourd'hui en ruine et fermée par une grille (au sud). Un millier d'hommes y furent emprisonnés et bien peu survécurent. Une autre tombe attire les visiteurs, celle du policier John Gray, le maître de **Greyfriars Bobby**, un chien terrier Skye. Cet animal garda la tombe de son maître pendant quatorze ans, jusqu'à sa propre mort. Sa statue en bronze fut érigée en 1872 devant la porte du cimetière, en haut de **Candlemaker Row**, face au pub qui porte aussi son nom. Walt Disney dédia un de ses films au héros canin, *Greyfriars Bobby : The True Story of a Dog* (1961). Depuis peu, une statue plus récente marque les 150 ans de la disparition de l'animal, près de l'église.

### Harry Potter et Édimbourg

Arrivée à Édimbourg dans les années 1990, J. K. Rowling se laisse inspirer par la ville dans l'écriture de son premier roman, *Harry Potter à l'école des sorciers*. **Victoria Street**, par exemple, lui aurait donné des idées pour le Chemin de Traverse (ne loupez pas la boutique Museum Context, qui était, à l'origine, un magasin de balais et de brosses). Dans le **cimetière Greyfriars**, elle aurait emprunté quelques noms sur les tombes pour les donner à ses personnages. Vous pouvez retrouver celle de William McGonagall, qui prête son nom à une célèbre enseignante à Poudlard, ou celle de Thomas Riddle (Tom Elvis Jedusor dans la version française). Vous pouvez retrouver l'empreinte des mains de la romancière sur les pavés, devant **City Chambers**. Enfin, sachez que c'est à l'**hôtel Balmoral** qu'elle a mis le point final à la saga, en 2007.

Grassmarket et ses pubs.
jewhyte/Getty Images Plus

MAGGIE DICKSON'S
WHISKY & ALE HOUSE
THE SMALLEST PUB IN SCOTLAND
297
BIDDY MULLIGANS
220
THE GRASSMARKET HOTEL

## George Heriot's School

Accueillant aujourd'hui 1600 élèves de 3 à 18 ans, cette splendide école, l'une des plus renommées d'Écosse, doit son existence à **George Heriot** (1563-1624). L'orfèvre de Jacques VI (qui le surnommait « Jinglin Geordie ») légua la fortune qu'il avait amassée à Londres afin qu'elle servît à l'éducation « des enfants sans père ». La construction de son école, commencée par William Wallace en 1628, ne fut achevée qu'en 1659 et le bâtiment servit d'hôpital aux troupes de Cromwell avant de reprendre sa vocation originelle. Est-ce parce que l'Écosse, au début du 17e s., avait pour reine Anne de Danemark que l'édifice rappelle à ce point le palais danois de Frederiksborg ? En tout cas, son plan symétrique organisé autour d'une cour caractérise bon nombre d'ouvrages du début de la Renaissance écossaise. Le clocher et la statue de Heriot surplombant le cimetière sont de Robert Mylne (1693).

### Sur les pas de John Rebus

« John Rebus parcourait la jungle de la ville, une jungle que les touristes ne voient jamais, trop occupés à mitrailler les temples dorés du passé. Édimbourg était une ville d'apparences ; le crime n'y était pas moins présent, tout juste plus difficile à repérer » (« L'Étrangleur d'Édimbourg »). Imaginé en 1987 par **Ian Rankin** (né en 1960 dans le Fife), l'inspecteur John Rebus est l'un des héros de romans policiers parmi les plus célèbres de Grande-Bretagne. Au travers de ce héros atypique et attachant, Ian Rankin jette un regard souvent drôle, parfois féroce, sur la société écossaise contemporaine.

## Quartermile ★

*Entre Lauriston Pl., Meadow Walk, Chalmers St. et The Meadows.*
Quartermile occupe le terrain et les anciens bâtiments du **Royal Infirmary**. Bâti en 1879, cet hôpital fonctionna jusqu'en 2003. La transformation du site en un nouveau quartier mêlant appartements de luxe, bureaux, hôtels, équipements de loisirs, magasins, cafés et restaurants a été confiée à **sir Norman Foster**. L'architecte britannique a créé un ensemble très réussi. Il a restauré les bâtiments victoriens classés et a inséré entre les anciens édifices une série d'immeubles aux lignes Bauhaus très pures, avec des structures en acier noir et de grandes baies vitrées ouvertes sur le parc des Meadows. Formes, couleurs et matériaux très différents s'y mêlent harmonieusement. Avis aux amateurs d'urbanisme et d'architecture contemporaine !

## The Meadows

Avant d'être intégrée à la capitale, cette élégante promenade dépendait du bourg de Muir. C'est là que les armées écossaises se rassemblaient et que le conseil municipal inspectait les troupes durant les parades. Durant la Seconde Guerre mondiale, on y a développé des dizaines de potagers mis à disposition de la population. Les immenses et agréables pelouses traversées par des allées piétonnes et cyclables accueillent les étudiants qui s'y retrouvent pour pique-niquer, se faire dorer au soleil et faire la fête.

## George Square

Cette place conçue vers 1760 fut le premier grand aménagement résidentiel réalisé à l'extérieur de la Vieille Ville. Parmi les résidents de renom, on peut citer l'écrivain Walter Scott (au n° 25 du côté ouest) et la duchesse de Gordon. Le côté ouest de la place est représentatif du style classique de la ville. Les autres côtés sont délimités par le campus de l'**université** d'Édimbourg, la plus importante d'Écosse (42 000 étudiants) installée dans des bâtiments modernes : au sud, la **bibliothèque**, construite en 1967 par Basil Spence et la **tour David Hume** (1963) occupée par la faculté des sciences sociales ; au nord, la tour Appleton (1966), le **Dugald Stewart Building** (2007) qui regroupe philosophie et sciences du langage et l'**Informatics Forum** (2008) sur Crichton Street.

Charles Street débouche sur **Bristo Square**, une zone piétonne enfin réaménagée (2017) après un chantier qui aura duré trois ans. Elle est dominée par un vaste et spectaculaire bâtiment rond, le **McEwan Hall** (1888), lui aussi rénové et désormais doté d'une entrée aux lignes étonnamment contemporaines. C'est dans cet édifice, financé par le brasseur William McEwan et dessiné par Robert Rowald Anderson en 1874, que les étudiants fêtent leurs diplômes. David Hume, Walter Scott, Robert Louis Stevenson, Arthur Conan Doyle, Charles Darwin, Gordon Brown ou encore Ian Rankin sont passés par cette université ; de nombreuses femmes célèbres également, telles que Elsie Inglis, qui ouvrit de nombreux hôpitaux en France durant la Première Guerre mondiale, ou Sophia Jex-Blake, qui se battit pour ouvrir les portes de l'Université de médecine aux femmes en 1869.

Université d'Édimbourg : *www.ed.ac.uk.*

## Surgeons' Hall Museums

*Nicolson St. - 0131 527 1711 - museum.rcsed.ac.uk - 10h-17h - 8,50 £ (-16 ans 4,50 £).*

Un voyage dans l'histoire des techniques médicales ! A priori plutôt pointus, le musée **dentaire** ainsi que ceux de la **Chirurgie** et de la **Pathologie** se révèlent étonnamment passionnants, même – et peut-être surtout – pour des néophytes. Rouvertes après une rénovation totale en 2015, dans un élégant bâtiment conçu en 1832 par l'architecte William Playfair, les trois sections bénéficient d'une agréable muséographie, décryptant chacune clairement les évolutions du secteur : instruments, découverte de l'anesthésie et des antiseptiques, dernières technologies... Des expositions temporaires sont parfois organisées.

Installée dans une belle galerie à deux niveaux du 19e s., la section Pathologie aligne d'innombrables bocaux de formol, autant de bouts de corps amputés, mutilés, déformés par la maladie et les accidents, conservés depuis des siècles à titre de « témoignages » médicaux. Une salle à éviter si vous ne vous sentez pas l'âme d'un médecin ou si vous êtes accompagnés d'enfants !

## Old College

Fondé en 1581, le Old College s'installa d'abord extra-muros dans l'église collégiale de Kirk O'Field (1450), où lord Darnley trouva la mort. En 1789, **Robert Adam** projeta de réaliser un magnifique bâtiment doté de deux cours. En fait, il n'exécuta que la façade principale et son impressionnante entrée surplombant South Bridge. Le projet fut repris par William Playfair qui ne construisit qu'une seule des deux cours intérieures, un espace aux proportions majestueuses dominé par la superbe façade néoclassique de la bibliothèque *(South Bridge, accès par l'aile gauche - 1re porte sur la cour)*.



La **Talbot Rice Gallery**, logée dans la galerie georgienne de Playfair, présente des expositions d'art contemporain. *University of Edinburgh, Old College, South Bridge, entrée par l'angle sud-ouest - ✆ (0131) 650 2210 - www.trg.ed.ac.uk - ♿ - horaires variables, se rens. - gratuit.*

## Chambers Street

Quand le lord-prévôt Chambers ordonna la démolition des taudis médiévaux, au milieu de l'époque victorienne, Adam, Argyle et Brown Squares furent rayés de la carte, mais South Bridge et George IV Bridge furent reliés par cette splendide rue. La partie nord d'Old College et les bâtiments composant le National Museum of Scotland bordent le côté sud de la rue. En face s'élèvent l'**Adam House**, puis l'**University Staff Club** (du n° 9 au n° 15) que remodela Basil Spence vers 1950. Plus loin se dresse l'université Heriot Watt (n° 23). L'institut d'origine fut fondé en 1821 et dédié à l'ingénieur James Watt. Mais après la démolition d'Adam Square, l'institut élut domicile au n° 23. En 1885, il prit le nom de collège Heriot Watt avant d'acquérir le statut d'université en 1965. Son campus se trouve à Riccarton Estate, au sud de la ville. Le bâtiment fait maintenant office de palais de justice (**Law Courts**).

## St Cecilia's Hall

*50 Niddry St. - www.stcecilias.ed.ac.uk - ♿ - mar.-sam. 10h-16h - gratuit.*
À deux pas d'Adam House, les mélomanes feront un crochet par cette salle de concert (voir aussi p. 115) pour en admirer la précieuse collection d'instruments de musique anciens. Une cinquantaine de harpes, épinettes, clavecins… en parfait état de marche !

## National Museum of Scotland ★★★

*Entrée principale : Chambers St. - ✆ (0300) 123 6789 - www.nms.ac.uk - ♿ - 10h - 17h - gratuit (sf expositions temporaires : 10 £) - audioguides en français.*
**Histoire** – Après l'Exposition universelle de 1851, musées et galeries d'art proliférèrent à travers toute l'Angleterre. En 1854, des fonds furent alloués à Édimbourg pour y fonder un musée de l'Industrie. Le capitaine Fowke, connu pour sa réalisation de l'Albert Hall à Londres, dessina un **chef-d'œuvre d'architecture victorienne** alliant la fonte et le verre,

Jon Arnold Images/hemis.fr



La Grande Galerie du National Museum of Scotland.

inauguré en 1861 par le prince Albert. Pendant cent cinquante ans, il abrita les collections du **Royal Museum of Scotland**, des trésors éclectiques recueillis par les Écossais au cours de leurs voyages à travers le monde. En 1998, l'ensemble a été agrandi par un bâtiment moderne, bien inséré dans le tissu victorien, le **Museum of Scotland**, consacré à l'histoire et à la culture de l'Écosse. Les deux bâtiments, qui communiquent au rez-de-chaussée et aux étages, sont aujourd'hui regroupés sous le nom de **National Museum of Scotland**. Ils se complètent parfaitement, le plus ancien reflétant la vision que l'Écosse se fait du monde extérieur, tandis que l'édifice moderne présente au reste du monde l'Écosse et les Écossais dans leur contexte historique.

**Royal Museum**★★★ – Magnifique ! Le cadre de l'ancien bâtiment victorien vaut le détour à lui seul. Il accueille des collections regroupées autour de deux thèmes (cultures du monde et monde naturel) et donne ainsi une cohérence aux réserves hétéroclites du musée : fossiles, mobilier, arts décoratifs européens, maquettes de bateaux, instruments scientifiques, costumes, bijoux, masques, statues… La galerie des animaux – où des spécimens de toutes tailles sont mis en scène du sol au plafond – plaît particulièrement aux enfants, tout comme la maquette du musée rénové *(à côté de la cafétéria)*, réalisée en Lego !

Y figurent dix salles consacrées au design et à la mode (niveau 1), aux sciences et à la technologie (niveau 3). Ces deux dernières sections forcent l'admiration, servies par une muséographie intelligente et ludique, adaptée à tous les âges et truffée d'expérimentations. Les enfants sont nombreux à s'y presser, et vous pourrez passer une journée entière ici sans ennui. Ne partez pas sans saluer l'une des stars du musée : **« Dolly » la brebis**, premier mammifère cloné de l'histoire de l'humanité (par deux chercheurs écossais en 1996), empaillée ici pour l'éternité *(section « Explore », 1er niveau)*.
La rénovation du musée a pris fin en 2019 (après 15 ans de restauration), avec l'ouverture de trois nouvelles salles abritant les superbes collections de l'Égypte antique (niveau 5), l'Asie orientale (niveau 5) et l'art de la céramique (niveau 3). On admirera notamment le sarcophage de la reine de Qurna, découvert en 1908 par l'archéologue Flinders Petrie et datant de la 17e ou 18e dynastie (env. 1585-1545 av. J.-C).
Faites une pause au « Balcony Café », la cafétéria du musée, suspendue au 3e niveau, vue imprenable sur l'atrium inondé de lumière, l'un des plus beaux du pays.
**Museum of Scotland★★★** – Habillé de grès de Clasach provenant du Morayshire, le nouveau bâtiment est dominé par une **tour ronde** qui surplombe Chambers Street et le pont George IV. À l'intérieur, vous serez frappé par la diversité des espaces, lumineux et légers comme **Hawthornden Court**, ou plus mystérieux comme les cavités creusées dans le sol. Des escaliers en spirale semblent être encastrés dans l'épaisseur des murs, tandis que balcons, galeries et fenêtres permettent d'apercevoir les différents étages. Les collections sont exposées par ordre chronologique du sous-sol au niveau 6.
Le **niveau 0** est consacré aux origines



### Les pièces d'échecs de Lewis

Trésor sans pareil composé de 80 sujets sculptés dans de l'ivoire de dent de morse, les pièces d'échecs de Lewis, d'origine norvégienne, datent du milieu du 12e s. Les pions ont pour la plupart disparu, mais les pièces principales, superbement travaillées, comprennent rois, reines, cavaliers et fous, avec leurs attributs respectifs : couronnes, boucliers, épées et crosses (le fou s'appelant l'« évêque », en Grande-Bretagne). Les expressions démoniaques des figurines terrifièrent celui qui les découvrit à la suite d'une tempête, et il soupçonna quelque sorcellerie. La tradition veut qu'une malédiction soit attachée aux pièces : plusieurs de leurs propriétaires auraient connu une mort horrible. Découvertes à Uig, ces pièces inestimables ont changé de main plusieurs fois avant d'être achetées par le British Museum. Grâce aux démarches des habitants pour obtenir leur restitution, six d'entre elles ont rejoint leur île d'origine en 2016, aujourd'hui présentées au Lews Castle de Stornoway (îles Hébrides extérieures).

géologiques de l'Écosse (fragment de gneiss de Lewis vieux de 2900 millions d'années!) et à ses premiers habitants, de 8000 av. J.-C. à 1100 apr. J.-C. et à leurs réalisations artistiques, telle une pierre sculptée provenant de l'ancien comté d'Angus et représentant un cavalier buvant dans une corne, une sculpture funèbre romaine représentant une lionne dévorante, quatre magnifiques torques en or (300-100 av. J.-C) découvertes à Blair Drummond ou encore un trésor en argent provenant de la pointe volcanique de Traprain Law, dans le Lothian oriental.
Les **niveaux 1 et 2** expliquent l'évolution du royaume d'Écosse depuis sa naissance en 900 jusqu'à l'Acte d'union en 1707. Notez le *Bute Mazer*, une coupe du 14e s. en bois d'érable et argent, qui aurait été utilisée par Robert Bruce; une statuette de saint André, patron de l'Écosse, datant du début du 16e s.; une harpe celtique ou *clarsach* dite Queen Mary Harp (1500); un plafond peint du château de Rossend; des pièces du fascinant jeu d'échecs de **Lewis** *(voir encadré ci-contre)*, et un coffre à trésor, le Darien Chest fabriqué au 17e s. quand les Écossais se tournaient vers l'Amérique.
Les **niveaux 3 et 4** illustrent la transformation de l'Écosse après l'Acte d'union, le développement de l'industrie textile, la production d'énergie (machine à vapeur de la fin du 18e s., mise au point par le mécanicien anglais Newcomen, et machine à vapeur à cylindre unique de 1923 utilisée dans un atelier de tissage), la vie rurale, l'Église (magnifique cloison réalisée en style néogothique pour la cathédrale St Giles d'Édimbourg).
Le **niveau 5** témoigne du développement scientifique, économique et industriel de l'Écosse et de l'apport très important des Écossais dans la colonisation de l'Empire britannique. Remarquez la volumineuse locomotive Ellesmere de 1861 ainsi que l'impressionnant alambic à whisky. Cette section rend aussi hommage aux Victoriens et Édouardiens célèbres, tels que Charles Rennie Mackintosh, Robert Lorimer, Phoebe Anna Traquair, etc.
Le **niveau 6**, baptisé « Une nation en transformation », est consacré à l'Écosse contemporaine, de la Première Guerre mondiale à aujourd'hui. Un accent particulier est mis sur le processus politique d'autonomie aboutissant au retour du Parlement et du gouvernement régional écossais à Édimbourg. Est également mise en avant l'émigration qui, de tout temps, a vidé l'Écosse de sa main-d'œuvre qualifiée. Celle-ci s'est accélérée au 20e s. et a vu partir 2 millions d'habitants. Des vitrines illustrent la vie quotidienne des Écossais au 20e s. D'autres espaces sont consacrés aux personnalités contemporaines, sportifs et hommes politiques, dont les huit Premiers ministres écossais qui ont dirigé le Royaume-Uni depuis 1900.
La terrasse du **niveau 7** offre un magnifique panorama à 360° sur le château, la Nouvelle Ville, le Forth et les collines environnantes.

# Princes Street et ses jardins★

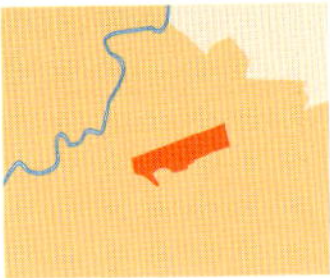

**Parallèle au Royal Mile et à George Street, Princes Street marque la frontière entre Old Town – le centre historique d'Édimbourg – et la splendeur georgienne de New Town. C'est pour beaucoup de visiteurs le premier contact qu'ils ont avec la cité : le tramway de l'aéroport et bon nombre de lignes de bus passent par cette longue artère qui dessert aussi… la gare ferroviaire. À deux pas des magasins qui la bordent, de vastes jardins constituent un lieu de détente idéal au cœur de l'animation et une belle tribune sur la Vieille Ville, prenant, d'ici, l'aspect d'une falaise, d'un mur, qui s'enflamme parfois au soleil couchant.**

▶**Accès :** à pied du Royal Mile. Le tramway suit Princes Street sur toute sa longueur (stations West End Princes Street, Princes Street et St Andrew Square).

**Plan de quartier pp. 14-15. Plan détachable de D5 à F4.**

▶**Conseils :** entre la National Gallery, les jardins… et les boutiques, une demi-journée peut vite passer sur Princes Street.

*« Nos Adresses » pp. 92, 110 et 120.*



## Princes Street

La principale rue commerçante d'Édimbourg était à l'origine entièrement résidentielle. Bordée d'habitations d'un seul côté, cette rue délimitait le sud de la Nouvelle Ville. Les maisons construites au pied de la falaise rocheuse de Castle Hill et du château dans les années 1770 étaient modestes, mais possédaient une vue dégagée sur la vallée de Nor'Loch. C'est avec l'arrivée du chemin de fer (1845-1846) que Princes Street commença à se développer en accueillant des hôtels et des grands magasins, tels House of Fraser au n° 145, converti en « temple » du whisky avec l'ouverture d'un centre Johnnie Walker Experience en 2021 *(voir page suivante)*. La rue a gardé sa vocation et ses boutiques attirent toujours des foules pressées. Le passage de la ligne de tramway sur toute sa longueur en fait un axe incontournable de la cité.

## Princes Street Gardens ★

La vallée marécageuse au pied de Castle Hill fut comblée lors des travaux d'aménagement de la Nouvelle Ville, puis agencée en jardins réservés aux résidents de la ville. C'est une loi imaginée par lord Cockburn qui préserva le côté sud de Princes Street d'un développement ultérieur. Ouverts au public en 1876, ces superbes jardins dominés par la silhouette imposante de Castle Hill offrent aujourd'hui, grâce à leur verdure, leurs bancs et leurs monuments, un refuge agréable loin de l'animation et de la foule de

Princess Street Gardens.
Kenny Lam/VisitScotland

Princes Street. Des roses multicolores embellissent de mai à juillet les parterres qui côtoient d'immenses chardons et soulignent les belles pelouses.

## Johnnie Walker Princes Street

*145 Princes St. - ✆ (0131) 376 9494 - www.johnniewalker.com - tlj 10h-0h, visites guidées régulières, en anglais - à partir de 28 £ (à partir de 8 ans 14 £) - trois boissons incluses.*
Une expérience d'1h30 pour comprendre l'histoire de la marque Johnnie Walker et l'univers du *blended whisky*, à distinguer du *single malt*. Une ambiance moderne, conçue pour montrer la position avantageuse de la marque.

## Scott Monument



*East Princes Street Gardens - ✆ (0131) 529 4068 - www.edinburghmuseums.org.uk - avr.-sept. : 10h-19h ; oct.-mars : 10h-16h - 8 £ (enf. 6 £) - visites guidées ttes les 30mn.*
Ce monument pyramidal dominant Princes Street est le point de repère le plus familier d'Édimbourg. Après la mort de l'écrivain **Walter Scott** en 1832, une souscription publique fut organisée avec succès. En dépit des nombreuses controverses à propos du site et de la nature du monument, la première pierre fut posée en 1840. Cette flèche néogothique haute de 61 m fut conçue par un menuisier dessinateur, **George Meikle Kemp**. La statue exécutée par Steell en marbre de Carrare représente Scott et sa chienne, Maida ; elle est ornée de 64 statuettes s'inspirant de personnages de ses romans (dans les niches) et de 16 têtes de poètes écossais (sur les chapiteaux).
Quatre plates-formes – 287 marches pour atteindre la plus haute ! – permettent d'admirer plusieurs belles **vues** du centre d'Édimbourg.

## The Mound

C'est un confectionneur entreprenant de Lawnmarket qui traversa la vallée de Nor'Loch en y construisant une allée de pierre ; ce raccourci lui permettait d'aller plus vite chez ses clients. Ensuite, les déblais provenant de la construction de la Nouvelle Ville servirent à construire le Mound (entre 1781 et 1805) qui donne accès à deux édifices imposants de style classique, la **Scottish National Gallery★★** et la **Royal Scottish Academy** (☛ *voir ci-après*).
Plus loin, dans les West Princes Street Gardens, on peut découvrir : une **horloge florale**, composée de 20 000 fleurs (uniquement en été), un kiosque à musique (« *Bandstand* »), ainsi que des statues du poète Allan Ramsay (extrémité est) et de l'inventeur du chloroforme, sir James Y. Simpson.
L'ancienne Bank of Scotland, reconnaissable à son dôme vert, abrite le **Museum on the Mound** consacré à la monnaie, à l'objet en tant que tel, à l'économie et aux problématiques liées à l'argent *(✆ (0131) 243 5464 - museumonthemound.com - ♿ - mar.-vend. 10h-17h, sam. et j. fériés 13h-17h - gratuit).*

## Scottish National Gallery ★★

*The Mound, Princes St. - ✆ (0131) 624 6200 - www.nationalgalleries.org - ♿ - 10h-17h - gratuit.*

Le National Gallery Complex rassemble deux bâtiments, la Scottish National Gallery, qui accueille les collections permanentes, et la Royal Scottish Academy qui propose de grandes expositions. Elles sont reliées par un espace souterrain, Weston Link, qui comprend un café, un restaurant, une boutique et une salle de conférences. Les collections du musée illustrent l'**art européen et écossais** de la Renaissance à la fin du 19e s. Les premières œuvres provenaient de la collection de la Royal Institution. Ce fonds profita ensuite d'une série de legs et d'une politique d'achat dynamique. Entre 1850 et 1857, Playfair éleva cet imposant bâtiment classique aux élégantes salles octogonales. Les peintures sont exposées chronologiquement en commençant à l'étage supérieur ; on rappelle l'époque de leur création en disposant du mobilier et des sculptures qui leur sont contemporains.

En raison de travaux, l'espace consacré à l'art écossais, au rez-de-jardin devrait rouvrir à l'été 2023.

*Du rez-de-jardin (Gardens Level), l'escalier de gauche mène au niveau supérieur (Upper Level).*

La **salle 1** contient une sélection de tableaux de la Renaissance septentrionale (1470-1550) et gothique (1300-1550). Le *Retable de la Sainte-Trinité* (vers les années 1470) de Van der Goes, primitif flamand, est un exemple unique de l'art de la pré-Réforme ; il fut commandé pour la collégiale de la Sainte-Trinité d'Édimbourg, démolie depuis (*voir p. 31*). Ouverts, les panneaux représentent Jacques III et Marguerite du Danemark accompagnés de leurs saints patrons. Les *Trois Légendes de saint Nicolas* de Gérard David illustrent des scènes de la vie de saint Nicolas de Myre, dont la générosité jamais démentie en fit le modèle du Père Noël. Notons aussi la belle *Allégorie de la mélancolie* de Cranach l'Ancien. Parmi les œuvres des maîtres italiens retenons *La Sainte Famille au palmier* de Raphaël, *La Vierge adorant l'Enfant Jésus endormi* de Sandro Botticelli ou encore *La Sainte Famille et saint Jean-Baptiste* de Giulio Romano. Continuez la visite au rez-de-chaussée *(Ground Level)* qui présente une admirable sélection d'œuvres du 16e au 19e s.

Les **salles 2** et **3** introduisent les principales figures de la peinture vénitienne du début du 16e s. : Jacopo Bassano avec son *Adoration des Mages* très colorée, et Titien avec sa composition religieuse *Les Trois Âges de l'homme*. Deux œuvres de ce dernier appartenant à son style tardif de peinture mythologique (années 1550) révèlent toutes les qualités de l'art vénitien : *Diane et Actéon* et *Diane et Callisto* expriment une liberté de facture et une maîtrise de la couleur et de la matière. On peut comparer ces œuvres avec celles d'autres artistes majeurs de la seconde génération des peintres du 16e s. : Bassano, le Tintoret, élève du Titien, très vite jalousé par celui-ci *(La Descente de croix)* et Véronèse qui forma avec Le Titien le triumvirat des peintres vénitiens *(Mars et Vénus, Saint Antoine abbé)*.

Aménagée en cabinet, la **salle 4** expose divers tableaux européens de collection des 16e et 17e s. : Frans Hals, Jan de Bray et Avercamp.

La **salle 5** rassemble des œuvres du baroque méridional (1580-1680) : Poussin *(Le Mariage mystique de sainte Catherine)*, de Claude Lorrain *(Paysage avec Apollon et les Muses)*, du Greco *(Le Sauveur du monde, Allégorie)*, de même qu'une œuvre de jeunesse de Vélasquez *(Vieille Femme cuisant des œufs)*.

Dans la **salle 6**, les admirables Sept Sacrements de Poussin sont bien mis en valeur ; remarquez combien le marbre du sol fait écho à celui de la *Confirmation*.

Toute la diversité artistique du Siècle d'or hollandais (le 17e s.) est visible dans les **salles 7** à **10**. On admirera en particulier un autoportrait de Rembrandt le représentant à l'âge de 51 ans, où la technique du clair-obscur concentre toute l'attention du spectateur sur le visage. À voir également : *Le Christ dans la maison de Marthe et Marie*, l'une des rares œuvres de Vermeer (seules 37 toiles lui sont attribuées à travers le monde), les portraits de Franz Hals et la large composition de Philip Koninck, *Vaste Paysage* (1666) dont la perspective est caractéristique.

Les principales figures de l'art britannique du 18e s. sont présentées dans la **salle 11** : Gainsborough *(The Hon. Mrs Graham)*, Reynolds *(Ladies Waldegrave)*, Romney, Raeburn et Lawrence. D'autres écoles du 18e s. sont encore représentées par deux pastorales d'une joyeuse frivolité du

Kenny Lam/VisitScotland

Scottish National Gallery.

### Scènes des Highlands

Les romans de Walter Scott ne sont pas étrangers à l'engouement des peintres du 19e s. pour la campagne écossaise. Les paysages des Highlands devinrent très populaires à l'époque victorienne grâce à l'artiste anglais Edwin Landseer (1802-1873), célèbre pour ses représentations de cerfs aux abois et autres vues des Highlands. En Écosse, **Horatio McCullough** (1805-1867) se rendit également célèbre par ses paysages des Highlands (Glencoe, Loch Katrine, Inverlochy Castle). Quant aux paysages romantiques de **William Dyce** (1806-1864), ils annonçaient les préraphaélites, qui influencèrent Noel Paton (1821-1901). En 1836, la fondation de l'Académie écossaise contribua à l'épanouissement de nombreux talents dans le pays. Pour s'opposer aux conventions victoriennes, **William McTaggart** (1835-1910) développa un style très personnel – une facture hardie, des effets d'éclairage, des couleurs riches – qui se manifeste dans ses vues marines spectaculaires (*The Storm, Dawn at Sea*) et ses scènes de la vie quotidienne des pêcheurs de la côte ouest (*The Fishers' Landing*).

plus « canaille » des peintres français, François Boucher, par *La Découverte de Moïse* de Tiepolo, dernier grand représentant de la tradition vénitienne, et *Achille pleurant la mort de Patrocle* de Gavin Hamilton, un pionnier du néoclassicisme.

Dans les **salles 12** et **13**, notez le gigantisme de certaines toiles du 19e s., prévues pour être exposées publiquement : *L'Orage* du paysagiste écossais William McTaggart et *Alexander III of Scotland Rescued from the Fury of a Stag*, composition d'une grande intensité de Benjamin West, premier peintre américain à avoir connu une notoriété internationale.

*Empruntez l'escalier menant à l'étage supérieur.*

Les petits formats des 18e et 19e s. des **salles 14** à **16** comprennent des Watteau *(Fêtes vénitiennes)*, Chardin, Sisley, Greuze, Boucher *(Madame de Pompadour)* et des paysagistes du début du 19e s. tels John Crome et Gainsborough. Parmi les précurseurs des impressionnistes français, on remarque des œuvres de Corot et Delacroix.

Ne manquez pas la **salle 17**, point d'orgue du musée avec ses collections d'impressionnistes français. Vous pourrez y admirer certaines des toiles majeures de Cézanne *(Les Grands Arbres, Montagne Sainte-Victoire)*, Van Gogh *(Tête de paysanne, Oliviers)*, Monet (*L'Église à Vétheuil*), Gauguin *(Trois Tahitiennes)*, Berthe Morisot *(Femme et enfant au jardin)* ou encore Degas *(Danseuses)*.

En attendant la réouverture (courant 2023) des galeries d'art écossais dans les salles du sous-sol rénovées, certains chefs-d'œuvre sont présentés par roulement **salle 17**. Dans cette collection de peinture écossaise de 1600 à 1900 figurent notamment des œuvres de Henry Raeburn (1756-1823), *(Self-portrait* et *The Reverend Robert Walker Skating* *on Duddingston Loch)* ; David Wilkie (1785-1841), connu pour ses scènes réalistes de la vie écossaise *(Pitlessie Fair)* ; des peintres spécialistes du paysage comme Alexander Nasmyth (1785-1859), *(The Valley of the Tweed* et *The Distant View of Stirling)* ou encore William McTaggart (*voir encadré p. 53*).

## Royal Scottish Academy

*The Mound - (0131) 624 6110 - www.royalscottishacademy.org - ♿ - horaires se rens.*
L'Académie fut bâtie sur commande par William Playfair en 1826, afin d'embellir l'extrémité nord du Mound ; elle devait également faire pendant au bâtiment imposant de la banque d'Écosse situé à l'autre extrémité du Mound. De son perchoir au-dessus du portique, la reine Victoria, sculptée par Steell, lève les yeux vers son oncle George IV, en direction de Hanover Street. L'Académie royale d'Écosse, composée de 60 membres (30 académiciens et 30 membres associés) organise des expositions tout au long de l'année.



## Edinburgh Waverley

*(03457) 11 41 41 - www.networkrail.co.uk/edinburgh-waverley.*
Lovée au fond de la vallée, cachée sous une vaste verrière dentelée, la seconde plus vaste gare ferroviaire du Royaume-Uni fait le lien entre les deux « rives » de la ville. Malgré l'opposition des riches riverains de Princes Street qui craignaient de voir leur horizon bouché par la fumée des locomotives, elle voit le jour dans la seconde moitié du 19$^{e}$ s. Elle constitue alors un point de jonction de plusieurs lignes (Glasgow, Berwick...) et remplace diverses petites gares existantes. On la flanque en 1902 d'un hôtel de luxe (aujourd'hui le **Balmoral**), puis d'un centre commercial dans les années 1980. Agréable, centrale, lumineuse et dotée de nombreuses facilités, Waverley est une étape majeure sur la fameuse ligne East Coast entre Londres et Aberdeen. **Cockburn Street** descend vers le pont de Waverley et permet de rejoindre la Vieille Ville. Sa belle courbe est bordée de petites boutiques prisées de la jeunesse locale. Autre itinéraire possible : longer **The Arches**, sur East Market Street, où d'anciens entrepôts ont été réhabilités en boutiques et restaurants.

## Market Street

**The Edinburgh Dungeon** – *31 Market St. - (0131) 240 1001 - www.thedungeons.com - 11h-16h - 22 £ (enf. 12 £), réduction en ligne.* Cette attraction est une sorte de parcours hanté inspiré par les pages les plus macabres de l'histoire écossaise et ponctué de diverses rencontres avec des acteurs déguisés visant à vous effrayer... sur un mode plutôt potache.
**City Art Centre** – *2 Market St. - (0131) 529 3993 - www.edinburghmuseums.org.uk - ♿ - 10h-17h - gratuit.* Il présente sur six étages des expositions temporaires issues généralement de ses vastes collections de peinture écossaise allant du 17$^{e}$ s. à nos jours. Les principaux mouvements de l'art y sont représentés, notamment les

Glasgows Boys (Henry, Hornel, Lavery, Crawhal), les coloristes (Fergusson, Peploe, Cadell, Hunter) et l'école d'Édimbourg (Gillies, Maxwell, MacTaggart). Parmi les artistes modernes figurent Davie, Paolozzi, Blackadder, Bellany, etc.
Vous pourrez prolonger le plaisir en visitant la **Fruitmarket Gallery** *(45 Market St. - ✆ 0131 225 2383 - www.fruitmarket.co.uk)* située de l'autre côté de la rue. Y sont présentés des artistes contemporains internationaux lors d'expositions.
À quelques pas de Market Street remarquez les tours et la façade victorienne de l'hôtel **The Scotsman** *(20 North Bridge)* aménagé dans les anciens locaux du quotidien éponyme.

**SE RESTAURER**

- Dirty Dick's ........ 1
- Café Marlayne ........ 4
- Makars Gourmet Mash Bar .. 5
- Brasserie Prince ........ 6
- Forth Floor ........ 7
- Browns Brasserie ........ 8
- Kyloe Restaurant ........ 9
- Mussel Inn ........ 10
- The Gardener's Cottage ........ 11
- L'Escargot Blanc ........ 12
- Fishers in the City ........ 13
- Indigo Yard ........ 14
- Amber ........ 15
- The Dome ........ 18
- The Whitchery by the Castle ........ 19
- Söderberg Stockbridge ........ 21
- Number One ........ 23
- Noto ........ 25
- Fhìor ........ 27
- Wedgwood ........ 33
- Ondine ........ 39
- The Lookout ........ 41
- Valvona & Crolla Caffè, bar & restaurant ........ 42
- L'Escargot Bleu ........ 43
- Café St-Honoré ........ 44
- Hamilton's ........ 46

**PRENDRE EN VERRE**

- Deacon Brodies Tavern ........ 1
- The Jolly Judge ........ 2
- Joseph Pearce's ........ 3
- Abbotsford ........ 13
- Guildford Arms ........ 14
- Café Royal ........ 16
- The Dome ........ 17
- The Barony ........ 18
- Cumberland Bar ........ 19
- Hector's ........ 21
- The Green Room ........ 22
- Ghillie-Dhu ........ 23
- The Devil's Advocate ........ 27
- Leo's Beanery ........ 29
- Oxford Bar ........ 30
- Tani Modi ........ 32
- Forsyth's Tea Room ........ 33
- The Scotch Malt Whisky Society ........ 36
- Heads & Tales ........ 39

**SHOPPING**

- Royal Mile Whiskies ........ 1
- Ragamuffin ........ 2
- Scottish Textiles Showcase .. 5
- Walker Slater ........ 9
- One World Shop ........ 13
- Treasure Trove ........ 14
- Unicorn Antiques ........ 15
- Dick's ........ 16
- Joey D ........ 17
- Barbour ........ 19
- Eteaket ........ 20
- Tiso ........ 21
- Kilberry Bagpipes ........ 22
- Hector Russel ........ 25
- Anta ........ 28
- ALC ........ 30
- Those Were the Days Vintage ........ 31
- Mellis ........ 32
- Stockbridge Market ........ 33
- The Fudge House ........ 41
- Jenners ........ 42

**SORTIR**

- St Cecilia's Hall ........ 1
- Cabaret Voltaire ........ 10
- Jam House ........ 13
- Lulu ........ 14
- Bramble ........ 15
- The Register Club ........ 17
- Bannerman's ........ 20
- CC Blooms ........ 23
- The Voodoo Room ........ 24

**SE LOGER**

- Ibis Edinburgh Centre Royal Mile ........ 1
- Market Street ........ 2
- Aparthotel Adagio Edinburgh Royal Mile ........ 3
- Tigerlily ........ 8
- Kimpton Charlotte Square .. 12
- Edinburgh Central Rooms ... 20
- Motel One Edinburgh Royal .. 23
- Holiday Inn Express Edinburgh Royal Mile ........ 31
- Ibis Styles Edinburgh St Andrew Square ........ 32
- The Baxter ........ 33
- Motel One Edinburgh Princess ........ 34
- Yotel ........ 38

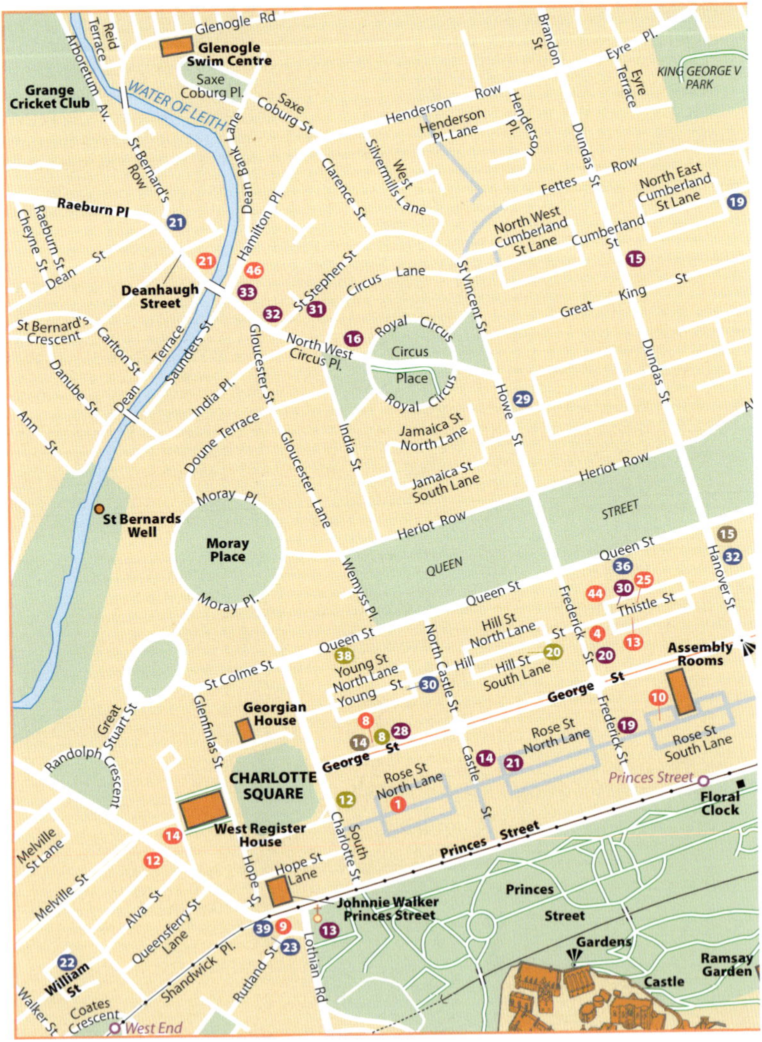

Glenogle Rd
Glenogle Swim Centre
Saxe Coburg Pl.
Saxe Coburg St
Reid Terrace
Arboretum Av.
Grange Cricket Club
WATER OF LEITH
Brandon St
Eyre Pl.
Eyre Terrace
KING GEORGE V PARK
Henderson Row
Henderson Pl. Lane
Henderson Pl.
West Silvermills Lane
Dundas St
Fettes Row
North East Cumberland St Lane
North West Cumberland St Lane
Cumberland St
St Bernard's Row
Dean Bank Lane
Hamilton Pl.
Clarence St
Raeburn Pl
Raeburn St
Cheyne St
Dean St
Deanhaugh Street
St Stephen St
Circus Lane
St Vincent St
Great King St
St Bernard's Crescent
Carlton St
Saunders St
Gloucester St
North West Circus Pl.
Royal Circus
Circus Place
Royal Circus
Danube St
Dean Terrace
India Pl.
Howe St
Ann St
Doune Terrace
Gloucester Lane
India St
Jamaica St North Lane
Jamaica St South Lane
Heriot Row
Moray Pl.
St Bernards Well
Moray Place
Heriot Row
QUEEN STREET
Wemyss Pl.
Queen St
Hanover St
Thistle St
Frederick St
North Castle St
Hill St North Lane
Hill St
Hill St South Lane
Assembly Rooms
Queen St
Young St North Lane
Young St
St Colme St
George St
Great Stuart St
Glenfinlas St
Georgian House
Randolph Crescent
CHARLOTTE SQUARE
Rose St North Lane
Rose St South Lane
Castle St
Princes Street
Floral Clock
West Register House
South Charlotte St
Princes Street
Melville St Lane
Melville St
Hope St
Hope St Lane
Johnnie Walker Princes Street
Alva St
Queensferry St Lane
Princes Street Gardens
Shandwick Pl.
Rutland St
Lothian Rd
Ramsay Garden
Castle
William St
Walker St
Coates Crescent
West End

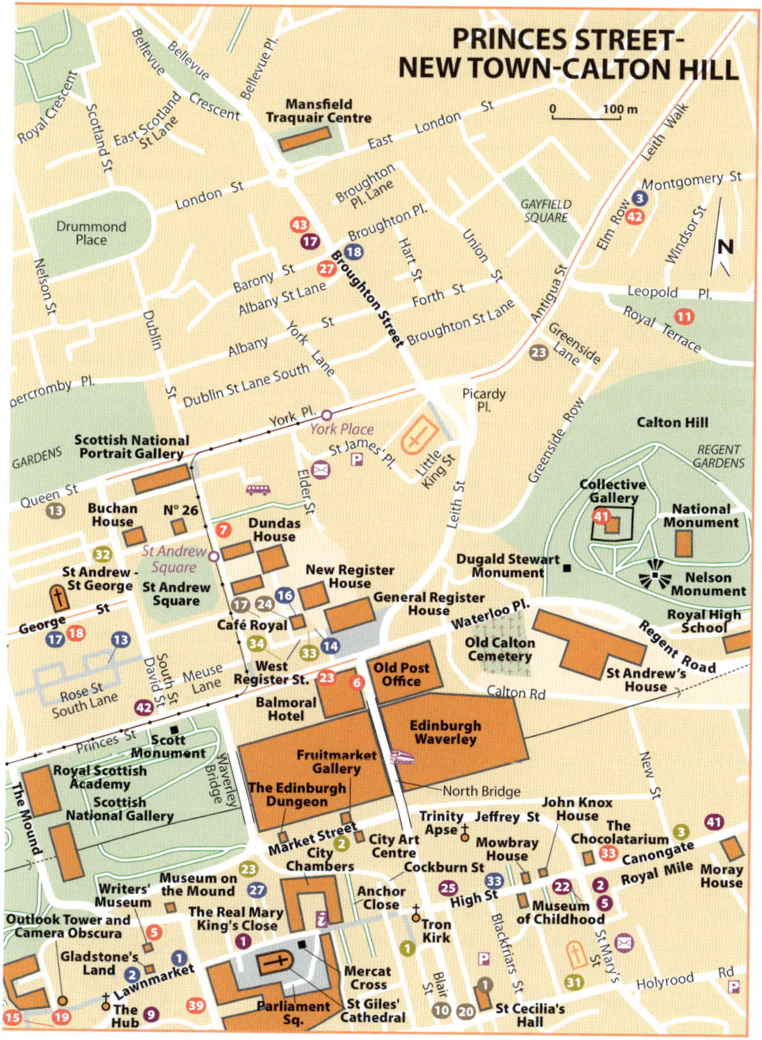
PRINCES STREET-
NEW TOWN-CALTON HILL
0 100 m
N
Mansfield Traquair Centre
Drummond Place
GAYFIELD SQUARE
Calton Hill
REGENT GARDENS
Collective Gallery
National Monument
Nelson Monument
Dugald Stewart Monument
Royal High School
St Andrew's House
Old Calton Cemetery
Old Post Office
Edinburgh Waverley
Balmoral Hotel
Fruitmarket Gallery
The Edinburgh Dungeon
North Bridge
Scottish National Portrait Gallery
GARDENS
Buchan House
N° 26
Dundas House
St Andrew Square
St Andrew - St George
New Register House
General Register House
Café Royal
West Register St.
York Place
Picardy Pl.
Scott Monument
Royal Scottish Academy
Scottish National Gallery
The Mound
Waverley Bridge
Market Street
City Chambers
City Art Centre
Trinity Apse
Jeffrey St
John Knox House
The Chocolatarium
Canongate
Royal Mile
Moray House
Mowbray House
Cockburn St
Museum on the Mound
Writers' Museum
Outlook Tower and Camera Obscura
The Real Mary King's Close
Anchor Close
High St
Tron Kirk
Museum of Childhood
Gladstone's Land
Lawnmarket
The Hub
Mercat Cross
Parliament Sq.
St Giles' Cathedral
St Cecilia's Hall
Blackfriars St
Blair St
St Mary's St
Holyrood Rd
New St
Calton Rd
Regent Road
Waterloo Pl.
Leith St
Leith Walk
Greenside Row
Greenside Lane
Royal Terrace
Leopold Pl.
Montgomery St
Windsor St
Elm Row
Antigua St
Union St
Hart St
Forth St
Broughton St Lane
Broughton Street
Broughton Pl.
Broughton Pl. Lane
East London St
London St
Barony St
Albany St Lane
Albany St
York Lane
Dublin St
Dublin St Lane South
York Pl.
St James' Pl.
Little King St
Elder St
Queen St
George St
Rose St South Lane
South St David St
Meuse Lane
Princes St
Royal Crescent
Scotland St
East Scotland St Lane
Bellevue
Bellevue Crescent
Bellevue Pl.
Nelson St
Abercromby Pl.

57

# New Town★★

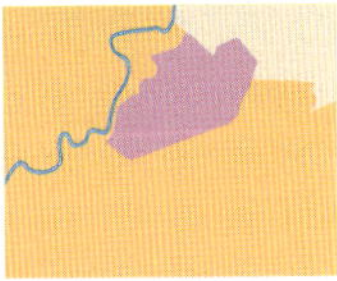

**(La Nouvelle Ville)**

**Lorsque l'on se penche sur un plan d'Édimbourg, on remarque immédiatement les lignes harmonieuses, les croissants et les cercles que dessinent les rues de New Town. Bâtie à partir de la fin du 18e s., la Nouvelle Ville est tout l'opposé de l'ancienne. Un terrain plat, tout d'abord, ancien marécage situé au nord du Royal Mile, mais aussi de larges avenues géométriquement ordonnées, parsemées d'espaces verts parfois privés et bordées d'immeubles de quelques étages seulement – emblématiques « basement flats » compris. Le contraste avec l'animation frénétique de la Vieille Ville est saisissant. C'est ici le royaume du chic et du bon goût.**

▶**Accès :** la Nouvelle Ville s'étend au nord de Princes Street.

**Plan de quartier pp. 56-57. Plan détachable de C3 à F4.**

▶**Conseils :** quand on explore l'Édimbourg des 18e et 19e s., il faut s'arrêter aux nombreux détails décoratifs : les ouvrages en fonte sont très variés (Heriot Row et Abercromby Place). Les balustrades de balcons qui barrent les façades (Windsor Street et Atholl Crescent) alternent avec les grilles protégeant les fenêtres ; les alignements de grilles à crête et à fleurons sont longés de réverbères, de consoles et d'éteignoirs (Charlotte Square, York Place et Melville Street). *« Nos Adresses » pp. 94, 103, 111, 116 et 120.*



### L'œuvre d'un jeune architecte

Lorsque la décision fut prise d'étendre la ville royale d'Édimbourg au nord de la Vieille Ville, un concours fut organisé : c'est un jeune architecte inconnu, du nom de **James Craig** (1710-1795), qui le remporta. Une fois North Bridge construit au-dessus de la vallée, le développement de la nouvelle ville d'Édimbourg avança rapidement. Le projet urbain prévoyait que les nouveaux quartiers soient uniquement résidentiels, les affaires et les activités commerciales devant rester dans la Vieille Ville, concentrées autour de la Bourse. Plusieurs architectes, en particulier **Robert Adam**, participèrent à l'aménagement de ces quartiers qui s'étendirent, donnant naissance à une seconde ville plus au nord, au domaine du Moray au nord-ouest et à divers prolongements vers l'ouest et l'est. La conception de cette nouvelle ville exceptionnelle, parsemée de jardins et d'espaces verts, est l'une des plus belles réussites de planification urbaine. Le succès du projet fut immédiat et nombreux furent ceux qui imitèrent le philosophe David Hume et le juriste lord Cockburn en s'installant dans la nouvelle ville.

Bute House, Charlotte Square.
rosn123/Getty Images Plus

## Charlotte Square ★★★

Suite à ses propositions d'aménagement de la Nouvelle Ville, **Robert Adam** fut chargé en 1791 de concevoir ce qui constitue aujourd'hui la plus belle place de New Town. Ses élégantes façades encadrent harmonieusement le jardin au centre duquel se dresse la statue équestre du **prince Albert** signée par Steell. Le **côté nord** est particulièrement bien dessiné. Les lignes verticales des blocs en saillie sont équilibrées par la maçonnerie du rez-de-chaussée. Quant aux lignes des fenêtres droites et des portes cintrées à tympan en éventail, que rythment des fenêtres vénitiennes, elles s'épousent avec bonheur. Les grilles en fer forgé, les lanternes d'applique, les éteignoirs et les grattoirs témoignent du soin dont a bénéficié l'ensemble. Bute House (n° 6) est, depuis 1999, la résidence officielle du Premier ministre du gouvernement écossais.
Reflet du côté nord de la place, le côté sud a été restauré au détail près, aussi fidèlement que possible, par le National Trust.

### Georgian House ★

*7 Charlotte Sq. - ✆ (0131) 225 2160 - www.nts.org.uk - avr.-juin : 10h-17h ; juil.-août : 10h-18h ; reste de l'année se rens. (dernière entrée 45mn av. la fermeture) - 10 £.* Elle abrite un musée du National Trust for Scotland, qui y a reconstitué un intérieur georgien typique de la période 1790-1810. Dans l'une des pièces du sous-sol, une vidéo évoque Édimbourg à l'époque georgienne. On peut aussi y admirer des œuvres de peintres du 18e s. tels que Henry Raeburn, Allan Ramsay et Alexander Nasmyth, ainsi que des objets en argent et en porcelaine.

**Robert Louis Stevenson (1850-1894)**

Une plaque commémorative sur laquelle est gravé un verset du poème pour enfants « The Lamplighter » (l'allumeur de réverbères) indique l'emplacement de la maison d'enfance de Stevenson, au **17 Heriot Row**, dans la Nouvelle Ville.

### West Register House

*17 West Register St. - ✆ (0131) 535 1413 - www.nrscotland.gov.uk - ne se visite pas.* Cette annexe des Archives nationales (National Archives of Scotland) occupe St George's Church (1811-1814), conçue sur le côté ouest du square par Robert Reid. L'église sert de point de mire à George Street.

## George Street

Le projet de Craig *(voir encadré page précédente)* facilita l'aménagement d'une série de splendides places et rues élégantes selon un plan géométrique adapté à la topographie : la rue centrale, George Street, fut construite sur la crête dominant la vallée et flanquée de deux rues parallèles, Princes Street au sud et Queen Street au nord, offrant de magnifiques vues sur la vallée et la Vieille Ville d'un côté, et sur le port de l'autre. Elles furent reliées par une succession de rues qui les coupent à angle droit. Si l'ensemble manquait au départ d'homogénéité architecturale, divers

règlements permirent dès 1782 de réguler le nombre d'étages, la largeur des façades, etc.
George Street débouche d'un côté sur Charlotte Square et de l'autre sur St Andrew Square ; elle mesure 800 m de long et 35 m de large. La plupart des maisons qui bordaient cette rue jadis résidentielle ont été transformées en banques, en bureaux et en boutiques. Des statues se dressent à l'intersection des rues : on peut voir le Dr Chalmers, sculpté par Steell, au coin de Castle Street, William Pitt (œuvre de Chantrey), à l'angle de Frederic Street et George IV (également par Chantrey) sur Hanover Street. Chacun de ces personnages dispose d'une vue dégagée sur le Forth ou sur les jardins de Princes Street avec le château et la Vieille Ville en toile de fond. Profitez tout particulièrement de la **vue** au côté de George IV élevé sur son piédestal : il voit en effet successivement la Royal Scottish Academy, la National Gallery, l'Assembly Hall et la flèche de Tolbooth Kirk.

### Assembly Rooms

*54 George St. - www. assemblyroomsedinburgh.co.uk.*
La construction de ces salles, à l'origine un lieu de rassemblement mondain, débuta en 1784 et s'acheva trois ans plus tard. Le fronton à portique fut ajouté ultérieurement. C'est dans cet édifice que Walter Scott déclara avoir écrit *Waverley*. Aujourd'hui, cette belle suite de pièces, complétée par le Music Hall qui se dresse à l'arrière, sert de cadre (magnifique) pour toutes sortes de manifestations publiques et privées.

### St Andrew and St George

L'église St Andrew and St George (1785), avec sa tour à flèche, devait fermer la vue sur St Andrew Square, mais le riche homme d'affaires Dundas *(voir ci-dessous)* modifia les plans prévus. C'est dans cette église qu'eut lieu le Schisme de 1843, lorsqu'un groupe de pasteurs conduit par le Dr Chalmers sortit de l'église après un débat sur le contrôle des nominations dans le service public, et fonda la Free Church of Scotland.

## St Andrew Square

Du haut d'une colonne cannelée de 46 m, la statue d'**Henry Dundas**, vicomte Melville, plus connu sous le surnom de « roi Harry le neuvième » pour sa conduite des affaires écossaises entre 1782 et 1805, domine la place, où se concentrent banques et compagnies d'assurances.
Elle n'a pas l'élégante harmonie de Charlotte Square malgré quelques beaux bâtiments. Du côté nord, les n$^{os}$ 21 à 26 témoignent de ce style classique local qui correspond à la première phase du développement de la Nouvelle Ville. Sise aux n$^{os}$ 21 et 22, **Buchan House** perpétue le nom du 11$^{e}$ comte de Buchan (1742-1829) ; fondateur de la Société des antiquaires, cet excentrique correspondait régulièrement avec George III auquel il s'adressait en l'appelant « Mon cousin ».
Le **n° 26** fut réalisé par le principal concurrent d'Adam, William Chambers, qui conçut aussi le magnifique hôtel particulier du

côté est. Construit de 1772 à 1774 pour sir Laurence Dundas sur un terrain d'abord destiné à une église, **Dundas House★**, au n° 36, est un hôtel particulier de trois étages dont le bloc central en saillie est doté de trois baies flanquées de pilastres, décoré d'armoiries et coiffé d'un fronton dont le couronnement est orné d'une frise. À l'intérieur, le vestibule est magnifique avec ses chapiteaux et ses clefs de voûte rehaussés à la feuille d'or. L'édifice fut acheté par la Royal Bank of Scotland en 1825 ; la salle couverte d'une coupole fut ajoutée en 1858. En face du bâtiment se dressent un soldat, le 4e comte de Hopetoun, et son cheval. Des deux pavillons symétriques flanquant l'hôtel particulier, celui situé au nord (n° 35) fut en 1768 la première maison de la place. La façade du **n° 38** – siège de la Bank of Scotland – frappe le regard par ses colonnes corinthiennes s'élevant sur deux étages et couronnées par une statue. Le philosophe David Hume (1711-1776) fut parmi les premiers notables d'Édimbourg à s'établir dans une maison de la Nouvelle Ville, dans St David Street qui lui doit son nom.

## Scottish National Portrait Gallery ★

*1 Queen St. - ✆ (0131) 624 6200 - www.nationalgalleries.org - ♿ - 10h-17h - gratuit.*

Dans la meilleure tradition victorienne, c'est un généreux don du propriétaire du quotidien *The Scotsman* qui permit d'édifier un bâtiment pour illustrer l'histoire de l'Écosse « grâce aux portraits de ses principaux acteurs ». Rowand Anderson dessina un édifice de style gothique italien, décoré de statues, pour abriter la collection de portraits constituée en 1882. Parmi les maîtres de l'art du portrait, on peut citer George Jamesone *(Autoportrait)* et John Michael Wright pour le 16e s., Ramsay *(David Hume)* et Raeburn *(Scott)* pour le 18e s. On verra en outre des toiles de Wissing, Lely, Gainsborough, Lawrence, etc. Quelques sujets sont de sang royal : Marie Stuart, lord Darnley, Jacques VI, Charles Ier, Élisabeth de Bohême et Jacques VII ; des hommes d'État, tels le 1er comte de Dunfermline et le duc de Lauderdale ; des politiciens des 18e et 19e s. comme Kier Hardie, Ramsay MacDonald et W.E. Gladstone ; ou des figures littéraires, à savoir Drummond of Hawthornden, Burns, Scott, Byron, Carlyle, Stevenson et Barrie.

## West Register Street

Cette petite rue coudée mène à Princes Street en passant par le fameux pub victorien **Café Royal** (*voir p. 104*). Plus loin s'étend un imposant complexe administratif. Sur le côté, au n° 3 West Register Street, on reconnaît **New Register House** à ses grilles en fer forgé et ses montants de porte couronnés, qui signalent les bureaux du lord Lyon. En Écosse, le lord Lyon est le Roi d'armes qui règle toute question d'armoiries, détermine qui est chef de clan, dirige et exécute les proclamations royales ainsi que les cérémonies publiques. À l'intérieur : 7 km de rayonnages chargés de registres de naissances, mariages et sépultures !

I. Masterton/age fotostock

Le hall de la Scottish National Portrait Gallery.



## General Register House

*2 Princes Street - ✆ (0131) 535 1314 - ewh.org.uk et nrscotland.gov.uk - ♿ - lun.-vend. 9h-16h30 - gratuit.*

Sa magnifique façade, son portique en saillie, son fronton et ses pavillons couronnés de dômes dominent Princes Street. Le bâtiment, dessiné par Robert Adam et son frère James et édifié entre 1774 et 1822, abrite une partie des Archives nationales (c'est ici qu'est conservée la Déclaration d'Arbroath du 6 avril 1320). À l'intérieur, vous pouvez voir une splendide salle dotée d'une coupole et ornée de motifs caractéristiques d'Adam. La **statue équestre du Duke of Wellington** a été réalisée par sir John Steell au début du 19e s.

## Old Post Office

L'ancien bâtiment de la General Post Office, qui abrite aujourd'hui bureaux et magasins, se dresse sur le site du Théâtre Royal construit en 1768, l'un des premiers édifices de la Nouvelle Ville. Au temps de sa gloire, lorsque Scott en était administrateur, des comédiens célèbres tels que Sarah Siddons et John Kemble s'y produisirent. Le théâtre ferma en 1859 pour laisser place au bureau de poste. En face, de l'autre côté de North Bridge, qui relie la Nouvelle Ville au Royal Mile, au-dessus des verrières de la gare de Waverley, on aperçoit la façade néo-Renaissance du **Balmoral Hotel** et sa célèbre tour d'horloge, qui sonne en avance de trois

minutes depuis le début du 20e s. pour, dit-on, aider les voyageurs à ne pas manquer leur train !
En s'engageant sur Leith Street, on dépasse, sur la gauche, le centre commercial moderne St James pour arriver à Picardy Place.

## Broughton Street

Cette rue en pente qui part de Picardy Place vers le nord est l'une des plus en vue de la ville. Elle est centrale mais moins huppée que bien d'autres axes. On y trouvera d'agréables restaurants, des bars animés, d'intéressantes et originales petites boutiques indépendantes. Considérés comme l'épicentre de la communauté gay et lesbienne locale, Broughton et ses environs sont parfois surnommés le *Pink Triangle*.



## Mansfield Traquair Centre

*15 Mansfield Pl. - ✆ (0131) 555 8475 - www.mansfieldtraquair.org.uk - ♿ - visite : le 2e dim. du mois et 3 sem. en août pendant le festival Fringe, se rens. pour l'horaire - gratuit.* Située à la périphérie nord de la Nouvelle Ville, au coin de Mansfield Place et d'East London Street, cette ancienne église catholique renferme une remarquable collection de peintures murales exécutées sur des thèmes bibliques à la fin du 19e s. par **Phoebe Anna Traquair**, représentante du mouvement préraphaélite en Écosse. Ce mouvement, apparu au 19e s., imite le style des grands peintres italiens d'avant la Renaissance et a pour but de mettre en avant les valeurs morales de la société.

## Le nord de New Town

La partie la plus visitée et centrale de New Town, autour de George Street, ne constitue qu'une partie du quartier, qui se prolonge au nord, de l'autre côté des **Queen Street Gardens**. Mêmes alignements, mais aussi des courbes *(crescent, circus)* et bien moins de vitrines. Une vie de quartier résidentielle à contempler, des jardins privés réservés aux résidents... Là, comme d'autres lecteurs de la série *Les Chroniques d'Édimbourg* d'Alexander McCall Smith, vous partirez à la recherche du fameux n° 44 de Scotland Street, l'épicentre de ses récits. La rue s'achevant au n° 43... à vous d'imaginer la suite.
D'ici, il est très facile de rejoindre le **Royal Botanic Garden** *(voir p. 72)* par son portail est.

# Calton Hill★

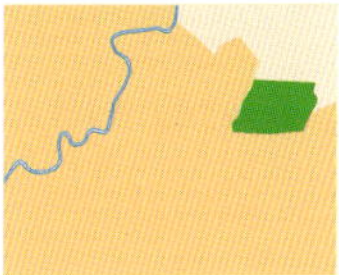

**À l'extrémité est de Princes Street s'élève Calton Hill (100 m d'altitude) : avec sa ligne d'horizon familière, où se découpent des monuments classiques, on l'a surnommée l'acropole d'Édimbourg. Autrefois site d'activité volcanique, Calton Hill fut l'un des premiers parcs publics du Royaume-Uni, après son rachat par la municipalité au début du 18e s. Le philosophe David Hume proposa d'y créer un chemin de promenade, qui porte encore son nom aujourd'hui. Les monuments que l'on admire sur Calton Hill datent, eux, du 19e s.**

▶**Accès :** par des escaliers depuis Waterloo Place (Regent Road) ou par une rue étroite accessible aux voitures, qui part vers la gauche en face de St Andrew's House.

**Plan de quartier pp. 56-57. Plan détachable GH3-4.**

▶**Conseils :** s'y rendre en matinée quand la brume s'accroche encore aux toits, et en soirée pour voir le soleil se coucher sur le château.



## Waterloo Place

Les portiques d'encadrement et les façades classiques de la rue **Waterloo Place** servent de cadre à Calton Hill qui se découpe au loin. Sur la droite s'étend le vieux **cimetière de Calton** (**Old Calton Cemetery**) où se trouve la tombe du philosophe **David Hume**.

## Calton Hill

Avec ses pelouses, ses massifs fleuris et ses bosquets, c'est un lieu de promenade agréable offrant de **magnifiques panoramas**★★★ sur Princes Street et la Nouvelle Ville (et ses milliers de petites cheminées), en contrebas, et de l'autre côté, Castle Hill, le château, l'église de Canongate, et Holyroodhouse avec Arthur's Seat à l'arrière-plan. Au loin, on aperçoit les collines couvertes d'ajoncs, le port de Leith avec ses grues et ses bateaux, le stade du Hibernian FC, les eaux grises du Firth of Forth et les arches de fer du Forth Bridge. Bref, en un clin d'œil, on contemple toute la diversité de cette ville installée dans un site formidable.

Le monument le plus étonnant est le **National Monument**, qui comporte un portique avec douze colonnes et rend hommage aux Écossais morts pendant les guerres napoléoniennes. Il devait être une réplique fidèle du Parthénon, mais sa construction fut arrêtée par manque de fonds.

Le **Nelson Monument** est une tour circulaire haute de 32 m dédiée à la victoire de Trafalgar. À son sommet se trouve une galerie d'observation *(www.edinburghmuseums.org.uk - 10h-17h, lun. 10h-16h, dernière entrée 30mn av. fermeture - 6 £).*

Le **Dugald Stewart Monument** est un temple grec circulaire, élevé par

### Beltane Fire Festival

Depuis 1988 a lieu tous les ans le 30 avril, sur **Calton Hill**, un festival né d'une vieille tradition celtique célébrant la fin de l'hiver. Jusqu'au début du 20e s., on disait adieu à la « saison sombre » sur le site de St Anthony's Well la veille du 1er Mai. Aujourd'hui, les personnages principaux de ce festival sont la reine de Mai (May Queen) et sa cour, des combattantes dites les Femmes blanches (White Women), l'Homme vert et l'Homme bleu. Quelques autres, comme les Hommes rouges, défilent au rythme des tambours, en brandissant des torches enflammées autour d'un immense feu de bois. beltane.org - ouverture des portes à 20h - 11 £.

l'architecte William Playfair, à la mémoire du professeur de morale philosophique Dugald Stewart (1753-1828).

Deux bâtiments ont accueilli successivement l'observatoire astronomique de la ville avant qu'il ne déménage à Blackford Hill *(p. 81)*. Le premier fut érigé au 18e s. par James Craig ; le second, avec un portique à colonnes et un dôme, fut bâti par Playfair en 1818. Rénové en 2018, ce dernier abrite aujourd'hui une galerie d'art contemporain, **Collective** *(www.collective-edinburgh.art - jeu.-dim. 10h-16h - gratuit)* et un restaurant, *The Lookout,* qui offre des vues panoramiques splendides sur Édimbourg *(voir « Nos Adresses » p. 96)*. L'observatoire du 18e s. est devenu Observatory House, deux logements qui peuvent accueillir six voyageurs.

Vous y trouverez également l'agréable café *The Kiosk (mar.-dim. 10h-16h)* et le restaurant *The Gardener's Cottage (voir « Nos Adresses » p. 97).*

## Regent Road

Sur la droite, **St Andrew's House** abrite les bureaux du gouvernement écossais. Cet imposant bâtiment de style Art déco, édifié entre 1935 et 1939, occupe le site où se dressait autrefois une prison.

Sur la gauche, la **Royal High School** présente une façade monumentale avec un portique à colonnes doriques surmonté d'un fronton inspiré par le temple d'Héphaïstéion à Athènes.

Plus loin, sur la droite, se trouve un autre temple grec circulaire dédié au fameux poète **Robert Burns** (1759-1796), considéré par de nombreux Écossais comme l'équivalent d'un Mozart des lettres. D'ici, on peut d'ailleurs redescendre sur le Royal Mile en traversant

Derrière Calton Hill, on emprunte à gauche l'élégante courbe formée par les **Regent Terrace** (1825-1846), **Carlton Terrace** (vers 1820-1860) et **Royal Terrace** (1821-1860). Ce quartier résidentiel, très chic et harmonieux, fut conçu par William Playfair, et le parc privé qui le jouxte dessiné par Joseph Paxton. Au n° 28 de Regent Terrace se trouve la **Scottish Free French House** où, comme une plaque le rappelle, le général De Gaulle célébra en 1942 l'amitié franco-écossaise, « la plus vieille alliance du monde ».

Le Dugald Stewart Monument.
Kenny Lam/VisitScotland

DUGALD STEWART

# Les quartiers ouest et nord★

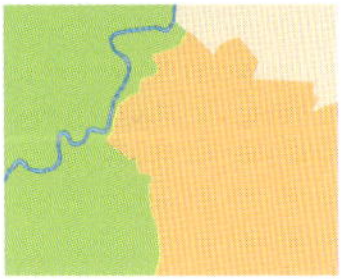

**Situés en bordure du centre historique, traversés par la Water of Leith, ces quartiers agréables attirent de plus en plus les populations branchées d'Édimbourg en quête de nouveaux lieux où habiter et se divertir. West End est encore très urbain, alternant des axes routiers importants et des petites rues résidentielles. Dean Village, moins accessible au fond de son vallon, surprend et dégage un charme fou. Quant au quartier de Stockbridge, vert et gris, calme ou animé, il est beau mais pas prétentieux. D'autant que les allées du superbe Royal Botanic Garden ne sont qu'à deux pas...**

▶**Accès :** le West End commence à l'extrémité ouest de Princes Street ; Stockbridge est plus facilement accessible par le nord-ouest de la Nouvelle Ville. On parvient à Dean Village par le Dean Bridge, à l'ouest de la ville.

**Plan détachable C5-6, B3-4.**

▶**Conseils :** on peut visiter tous les sites en faisant une boucle commençant par le West End, rejoindre Dean Village et finir par le Royal Botanic Garden que l'on gagnera en longeant la rivière Water of Leith.

*« Nos Adresses » pp. 97, 105, 112, 117 et 121.*



## West End

**C5-6** Ce quartier résidentiel connaît depuis quelques années un succès grandissant. L'activité se concentre pour l'instant sur **William Street** et les ruelles alentour, désormais colonisées par les boutiques, bars et restaurants tendance. Des consulats et des sièges de firmes en tout genre ont aussi pris leur quartier dans la partie nord de West End, décorant les façades de leurs drapeaux et plaques professionnelles dorées et gravées.
À la limite entre West End et la Vieille Ville, sur Lothian Rd, se concentrent théâtres, cinémas et autres lieux de sortie. Parmi eux, le **Usher Hall** *(voir « Sortir », p. 117)* et sa spectaculaire rotonde, est depuis 1914 la plus prestigieuse salle de concert de la ville. Elle porte le nom d'un magnat du whisky qui en finança la construction. Toutes sortes d'événements y sont organisés.

### St Mary's Episcopal Cathedral

**C5** *Palmerston Pl. - ✆ (0131) 225 6293 - www.cathedral.net - ♿ - tlj sf sam. 9h-15h.*
La cathédrale St-Mary fut construite par George Gilbert Scott dans les années 1870 pour le diocèse anglican d'Édimbourg. Ses dimensions sont ambitieuses, même pour l'époque victorienne, puisqu'elle peut

accueillir 1500 personnes. Trois flèches dominant ses deux façades occidentales furent ajoutées en 1917.
À l'intérieur, on remarquera le lutrin en forme de pélican, le crucifix conçu par Robert Lorimer et le retable du maître-autel réalisé par le fils de l'architecte, J. Aldrich Scott, ainsi que les vitraux contemporains d'Eduardo Paolozzi.
Dans les niches latérales, on reconnaît sainte Margaret, reine d'Écosse, et saint Columba, dont la mission consista à convertir au christianisme les peuples gaëls et pictes au 6e s., deux figures majeures de la première Église d'Écosse.
Tout près se trouvent l'ancienne Coates House, du 17e s., (aujourd'hui un institut théologique) et l'école de chant, célèbre pour ses peintures murales exécutées par Phoebe Anna Traquair (1888-1892) sur le thème de *Benedicte omnia opera*.

## Dean Village ★

**AC4** À quelques minutes de marche seulement du centre-ville, ce village affiche un air champêtre aux portes même de la Nouvelle Ville. On le découvre depuis le pont de **Dean Bridge**, qui enjambe la **Water of Leith** ici fort encaissée. Quelques maisons noyées dans la verdure, lovées dans un vallon, forment une modeste agglomération. La route (*Miller Row*) plonge en direction du Dean Village. Pas moins de 11 moulins à eau y étaient jadis en activité. Au sein du hameau, entre Damside et la rivière, voyez **Well Court**, un bel ensemble résidentiel construit en 1886 à l'initiative du propriétaire du journal *The Scotsman*. Avec ses murs roses, sa tour horloge et sa vaste cour intérieure, le complexe est très photogénique.
Depuis le petit pont à l'entrée du bourg, un sentier mène en une dizaine de minutes à la Scottish National Gallery of Modern Art vers l'ouest et à Stockbridge vers l'est. Il s'agit d'un court segment du chemin qui longe le cours ondoyant de la rivière Water of Leith (*voir p. 72*).

### Scottish National Gallery of Modern Art ★

**AB4** *73 et 75 Belford Rd - ✆ (0131) 624 6200 - www.nationalgalleries.org - ♿ - 10h-17h - gratuit.*
Deux sites boisés à l'ouest de la Nouvelle Ville, de part et d'autre de Belford Road, abritent la collection d'art moderne et contemporain de la Scottish National Gallery. La **Scottish National Gallery of Modern Art One** occupe un imposant bâtiment néoclassique qui abrita autrefois la John Watson's School.
La **Scottish National Gallery of Modern Art Two** *(fermée jusqu'à nouvel ordre, vérifier sur le site)* est située dans un bâtiment construit en 1833 pour abriter un orphelinat et conçu dans le style néoclassique par l'architecte Thomas Hamilton. L'intérieur, empreint de créativité, a été redessiné par Terry Farrell.
La collection – à découvrir au gré d'expositions régulièrement renouvelées – met surtout l'accent sur **l'art écossais du 20e s.** tout en offrant au visiteur un excellent aperçu des principaux artistes et **mouvements internationaux** : Nabis et fauvisme, expressionnisme

allemand, cubisme et influences, dadaïsme et surréalisme, primitivisme et art abstrait russe, école de Paris, nouveau réalisme, école de St Ives, pop art, minimalisme et des œuvres d'artistes contemporains comme Lucian Freud, Francis Bacon, Damien Hirst, David Hockney et Peter Doig.
Riche et étendue, la collection écossaise possède en particulier une excellente sélection d'œuvres de coloristes, avec Peploe, Cadell, Hunter, Fergusson, et de l'École d'Édimbourg : Gillies, Maxwell, MacTaggart et Redpath.
La donation Paolozzi est constituée d'un grand nombre d'œuvres réalisées par le sculpteur originaire d'Édimbourg **Eduardo Paolozzi** (1924-2005) ; on pourra admirer le gigantesque *Vulcan* en inox qui s'élève sur deux étages au centre du bâtiment. Derrière la salle qui renferme des pièces caractéristiques de l'artiste se trouve une reconstitution du studio de Paolozzi, où règne un fascinant capharnaüm.
Les **parcs** des deux bâtiments offrent un cadre magnifique aux sculptures de Bourdelle, Epstein, Ricke, Mirò, Henry Moore, Ian Hamilton Finlay, Rachel Whiteread, Barbara Hepworth et Charles Jencks. On doit à ce dernier l'œuvre-paysage *Landform*, qui met en mouvement le gazon face à la Modern Art One.
Le *Café Modern One (9h-16h30, w.-end 10h-16h30)* et le *Café Modern Two* « Paolozzi's Kitchen » (*10h-16h30*) constituent une halte agréable après la visite.

## Stockbridge

**BC2-3** Beaucoup plus vaste, moins encaissé et plus urbain que Dean Village, Stockbridge, à cheval sur les deux rives de la Water of Leith, a gagné la faveur des populations branchées séduites par son marché (*voir p. 113*) et de nouveaux bars tendance. Cette gentrification n'a pour le moment pas fait disparaître l'atmosphère villageoise.
Que voir dans ce charmant quartier autrefois hameau à la périphérie d'Édimbourg ? On prend simplement plaisir à parcourir les rues et regarder les gens, les vitrines, concentrées dans **Deanhaugh Street** et **Raeburn Place**, de part et d'autres du pont de pierre Stock Bridge construit en 1801. Des petites maisons identiques s'alignent le long des pavés de Dean Park Mews. Non loin, les pelouses impeccables du **Grange Cricket Club** (et son *Club House* à l'ancienne) accueillent parfois l'équipe nationale. C'est également à proximité qu'eut lieu, en 1871, le tout premier match de rugby entre l'Écosse et l'Angleterre (4-1 pour l'Écosse).
Sur la rive sud de la Water of Leith, de belles demeures forment une courbe impeccable autour de Saxe Coburg Place.
Une cheminée de briques domine le **Glenogle Swim Centre**, une superbe piscine aménagée dans un bâtiment victorien, récemment rénovée, avec galerie de vestiaires surplombant le bassin, sous une verrière lumineuse (*Glenogle Rd - 0131 343 6376 - lun.-vend. 7h-22h, sam.-dim. 8h-16h - 5,10 £*).

Le Royal Botanic Garden.
Paul Tomkins/VisitScotland

Perpendiculaires à Glenogle Road s'alignent des rues étroites (Balmoral Pl., Colville Pl., etc.) en cul-de-sac bordées de petites maisons et jardins touffus. Construites pour des artisans sur l'impulsion d'un pasteur philanthrope de l'Église libre d'Écosse, ces onze « colonies » portent encore les emblèmes des métiers de leurs premiers résidents (charpentier, plombier, forgeron...).

## Royal Botanic Garden ★★★

**CD1** *1,7 km du centre-ville par Broughton St. - parking près du portail ouest sur Arboretum Rd - bus n° 8, 23, 27 - en vélo, accès par la Cycle Network Route 75 - entrées par Inverleith Row et Arboretum Pl. - ☎ (0131) 248 2909 - www.rbge.org.uk - ♿ - 10h-17h - gratuit.*



Les 28 ha du Jardin botanique royal sont un havre de paix où l'on prend l'air et le vert au milieu d'une végétation variée : pelouses et essences tropicales, fleurs des champs ou buissons ornementaux, arbres monumentaux et flore lacustre.

**Histoire** – Lorsque, à la fin du 17e s., Édimbourg devint un centre d'études médicales, deux éminents professeurs, Robert Sibbald et Robert Balfour, créèrent en 1670 un jardin de plantes médicinales près de l'abbaye de Holyrood. Puis, en 1676, ces deux personnages acquirent un lopin de terre près du Trinity Hospital (où se trouve aujourd'hui la gare de Waverley) et nommèrent James Sutherland intendant. Le jardin fut ensuite transféré à Leith Walk, puis, en 1820, sur le site actuel, où il occupait alors une surface de 5,6 ha. Des agrandissements ultérieurs permirent d'inclure Inverleith House et les terres alentour.

Aujourd'hui, le jardin, les serres, avec la collection de spécimens, sont autant de précieux outils pour la recherche, mission principale du jardin.

**Jardins et bâtiments** – Les **rhododendrons** représentent l'une des principales attractions du domaine. La réputation d'Édimbourg dans la culture des rhododendrons est en grande partie due au travail de collectionneurs tel George Forrest.

Les **serres** du Royal Botanic Garden sont malheureusement fermées pour d'importantes rénovations jusqu'en 2030. On peut néanmoins admirer de l'extérieur la serre Tropical Palm House, construite en 1834, la plus vieille serre de la ville.

**Inverleith House**, demeure du 18e s. située au sommet d'une butte, abrite des expositions temporaires d'art contemporain.

Situé à l'entrée ouest des jardins, le centre d'information **The John Hope Gateway** porte le nom d'un botaniste écossais du 18e s. Le bâtiment aérien et lumineux (verre, pierre, bois), très réussi, abrite notamment une exposition, une boutique et un restaurant.

## Water of Leith

Cette rivière qui coule sur 35 km, serpente à travers Édimbourg avant de se jeter dans le Firth of Forth, dans le port de Leith (voir p. 74).

On peut en suivre les rives, en traversant les quartiers précédemment évoqués, par un beau sentier balisé de 20 km – le **Water**

rosn123/Getty Images Plus

Water of Leith à Dean Village.



**of Leith Walkway** *(carte succincte téléchargeable gratuitement sur www.waterofleith.org.uk, ou carte plus détaillée, à 1 £, disponible auprès du Visitor Centre, 24 Lanark Rd ; sentier accessible à vélo - ♿ partiellement)*. On peut ainsi marcher entre ces différents sites en traversant les sous-bois, en saluant les canards et les écureuils, en croisant de curieuses constructions, tel le **St Bernard's Well** (puits de St-Bernard). En forme de rotonde de style classique, il fut érigé au 19e s. pour prélever les eaux d'une source aux vertus curatives.

La balade peut se poursuivre jusqu'au Royal Botanic Garden *(voir ci-contre)*, voire jusqu'à Leith. Bois, fleurs, pelouses, eaux endormies ou bouillonnantes… En allant vers le port, les abords se font plus industriels, mais la marche reste agréable. Le chemin s'achève au pont de Sandport Place, à deux pas du Shore de Leith *(voir p. 76)*.

**Entre Dean Village et Leith**, la distance est de 6 km environ, comptez 1h à 1h30 de marche, selon votre rythme.

# Leith

**Le port d'Édimbourg offre l'occasion d'une sympathique excursion dans un quartier tourné vers la mer. Les Édimbourgeois y viennent prendre l'air le long du canal et des quais du Shore, visiter le yacht de la famille royale, faire du shopping dans l'immense Ocean Terminal, mais surtout déguster d'excellents produits de la mer préparés par certains des meilleurs chefs d'Écosse. Ceux qui préfèrent la plage se rendront dans la station balnéaire de Portobello.**

▶**Accès :** à 3 km au nord-est du centre-ville, *via* Leith Walk (15mn). Bus pour Ocean Terminal : 11, 22, 34, 35, 36 depuis North Bridge ou Princes St. Bus 26 et 45 pour Portobello depuis le centre-ville. Bus 49 entre Leith et Portobello.

**Plan de quartier p. 75.**

▶**Conseils :** pour ne rien manquer du Festival de Leith qui se déroule chaque année début juin, consultez le site *www.leithfestival.com.*

*« Nos Adresses » pp. 98, 106, 113 et 121.*



## Royal Yacht Britannia ★

**A1** *Entrée par le Visitor Centre, Ocean Terminal - (0131) 555 5566 - www.royalyachtbritannia.co.uk - ♿ - 9h30-18h (dernière entrée à 16h) ; nov.-mars : 10h-17h (dernière entrée à 15h) - 18,50 £ (5-17 ans 9,25 £) avec audioguide en français.*

Aujourd'hui ancré près de l'immense centre commercial Ocean Terminal (*voir p. 113*), le *Britannia* fut mis à la mer depuis un chantier naval de la Clyde en avril 1953. Symbole de la royauté post-impériale, le navire sillonna les mers du globe jusqu'en 1997 ; il avait alors parcouru près de 2 millions de kilomètres.

À bord, un parcours conduit à travers les appartements royaux, les quartiers de l'équipage, le pont, la timonerie et la salle des moteurs. Conçus par sir Hugh Casson en étroite

### À l'heure du renouveau

Port d'Édimbourg depuis le 14e s., Leith est sévèrement touchée dans les années 1960-1970 par la désindustrialisation, le chômage, la pauvreté et la délinquance, comme le raconte le roman d'Irvine Welsh « Trainspotting » (1993) et le film que Danny Boyle en a tiré (1996). À partir des années 1980, de vastes programmes d'urbanisme changent son image et sa population, et le quartier devient à la mode. Des bureaux pour le gouvernement et un centre commercial ultra modernes sont construits sur ses quais, ses petites maisons sont rénovées, des lofts et des boutiques s'installent dans les anciens docks, et ses pubs, le long du canal, sont transformés en restaurants *(voir « Nos Adresses » p. 98).*

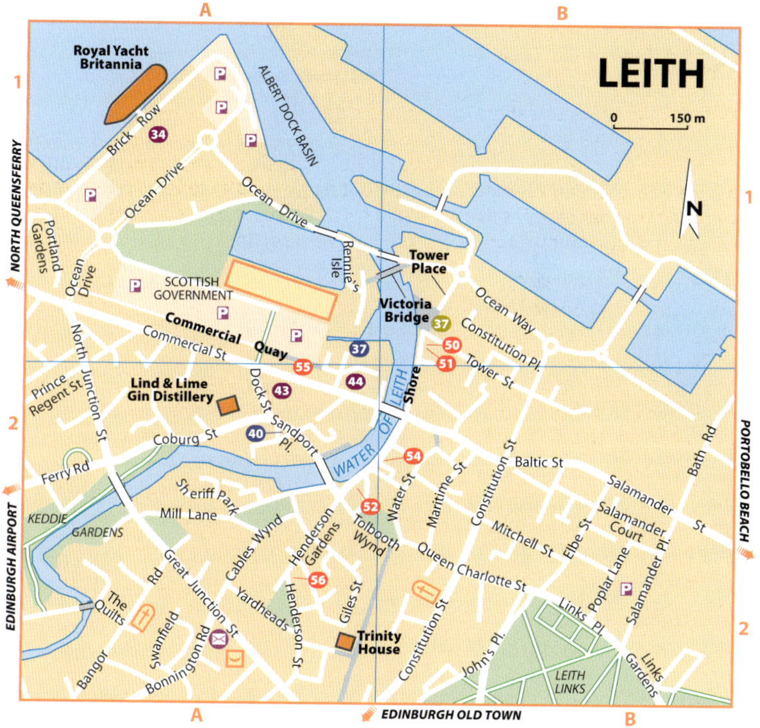


**SE RESTAURER**
Fishers Leith ................ 50
The Shore Bar & Restaurant .............. 51
Mimi's Bakehouse .......... 52
Martin Wishart Restaurant .. 54
The Kitchin ................. 55
Borough .................. 56

**PRENDRE EN VERRE**
Teuchters Landing .......... 37
Roseleaf Bar Café ........... 40

**SHOPPING**
Ocean Terminal............ 34
Kinloch Anderson .......... 43
Leith Market................ 44

**SE LOGER**
Malmaison Edinburgh ...... 37

collaboration avec la reine et le prince Philip, les appartements royaux allient luxe, sobriété et confort. Une visite audio permet de découvrir la vie à bord, expliquant les méticuleuses dispositions protocolaires prises pour les dîners officiels ainsi que les règles du jeu bruyant appelé *wombat tennis*, auquel s'adonnaient les officiers dans le carré.

Entre Ocean Terminal et The Shore, empruntez **Commercial Quay**, où d'anciens bâtiments portuaires ont été reconvertis en logements et bureaux, faisant face au long édifice dit « VQ » (1996) où s'activent 2 200 fonctionnaires du gouvernement écossais.

## The Lind & Lime Gin Distillery

**A2** *24 Coburg St - ✆ (0131) 600 0144 - lindandlime.com - jeu.-dim. 11h-20h, mar.-mer. 11h-18h - visites du jour, se rens. - 25 £ (non accessible aux enf.).*
Cette nouvelle distillerie de gin propose des visites guidées des espaces de production. Chaque convive a le plaisir de mettre en bouteille et d'étiqueter sa propre mignonnette. Plusieurs dégustations sont proposées au cours de l'expérience.



## The Shore

**B1-2** Là où la rivière Water of Leith s'apprête à rejoindre la mer, s'alignent le long des quais quelques beaux édifices et d'excellents restaurants. Un lieu vivant, symbole de la renaissance de ce quartier attachant. Pavés, péniches, terrasses flottantes, arbres, mobilier urbain soigné... la balade est très agréable. **Tower Place** est dominé par le massif Sailor's Home (1883) qui logeait les marins – aujourd'hui un hôtel de luxe. À ses côtés, la tour dentelée **Signal Tower** est l'un des plus anciens édifices de Leith. Construite à l'origine (en 1685) comme moulin, elle fut transformée en phare et tour de guet à l'entrée du port.

Pour un joli point de vue sur le Shore, passez sous les arches bleues de **Victoria Bridge**, un pont tournant datant de 1874.
Leith est vaste, décousue, faite de quartiers résidentiels populaires, de rues commerçantes et animées, de zones délaissées. Surveillé en permanence par les mouettes, on découvre çà et là un phare, une église, une ancienne usine ou sa cheminée orpheline. Pour en savoir plus sur l'histoire du port, rendez-vous au petit **Maritime Museum** qu'abrite la **Trinity House** (*99 Kirkgate* **A2** *- ✆ 0131 554 3289 - www.historicenvironment.scot - se rens. pour l'horaire - gratuit*).
Pour rallier le centre-ville en longeant la rivière, voir *Water of Leith (p. 72)*. Le sentier débute (ou se termine) à Leith au pont de Sandport.

## Portobello

**Hors plan** Si votre séjour à Édimbourg se prolonge, pourquoi ne pas aller humer l'air du large sur le sable de la **plage** de Portobello ? Cette localité située à 5 km à l'est du centre-ville (au sud-est de Leith) est aujourd'hui une banlieue de la capitale. Elle doit son nom ensoleillé à la prise aux Espagnols du stratégique Porto Bello (à Panama), en 1739. Autrefois industrielle, elle est désormais une **station balnéaire** très fréquentée en fin de semaine, d'avril à octobre.
La promenade le long de la plage y est agréable. Le remblai, bien aménagé et sans voiture, est bordé de cafés (comme The Beach House), de marchands de glaces et de *fish & chips*. Les activités pour les enfants n'y manquent pas.

# Environs d'Édimbourg

**Fuyez quelque temps l'animation d'Édimbourg et partez à la découverte de ses alentours, aussi riches que son centre-ville. Si la Rosslyn Chapel et le zoo sont bien connus, la région des West Lothians offre également matière à des excursions variées : croisière sur le Firth of Forth, promenade dans le port de South Queensferry, visite de l'ancien palais royal de Linlithgow ou de la belle demeure de style georgien, Hopetoun House.**

▶ **Accès :** ces sites plus ou moins éloignés du centre-ville sont néanmoins accessibles en transports en commun.

**Plan des environs p. 83.** *« Nos Adresses » p. 106.*

## Rosslyn Chapel ★★★

**Hors plan p. 83** *Roslin, 13 km au sud par l'A 701. Bus n° 37 de Princes St. ou North Bridge (ceux indiqués « Penicuik/Deanburn »), arrêt Original Rosslyn Hotel - (0131) 440 2159 - www.rosslynchapel.com - ♿ - juin-août : 9h-16h30, dim. 12h-16h15 ; sept.-déc. : 9h30-17h, dim. 12h-16h15 ; reste de l'année se rens. - 9,50 £ (-18 ans gratuit) - photographies interdites à l'intérieur. Il faut réserver un créneau de 90 minutes pour la visite.*

Le fondateur, **sir William St Clair**, troisième et dernier prince des Orcades (1396-1484), seigneur du proche château de Rosslyn, réunit des artisans originaires de différents pays d'Europe afin de créer une œuvre unique. Commencés en 1446, les travaux s'achevèrent en 1486. De la collégiale cruciforme, seul le chœur était terminé. Endommagée en 1592, l'église fut utilisée comme écurie par les troupes du général Monck en 1650, puis restaurée en 1861 ; l'entrée et la tribune d'orgue furent ajoutées vers 1880. La chapelle appartient toujours au comte de Rosslyn, descendant du fondateur, et sert encore de lieu de culte anglican.

**Extérieur** – Avant-goût de la richesse intérieure, les arcs-boutants à pinacle, les larmiers des fenêtres, la corniche armoriée, les corbeaux et les dais des niches sont couverts de **sculptures décoratives**. Le charme émanant de l'intérieur de la chapelle est en grande partie dû aux chaudes nuances de la pierre blonde qui rehaussent la beauté harmonieuse des sculptures.

**Intérieur** – Les cinq travées du **chœur** sont éclairées par des fenêtres hautes et bordées de bas-côtés au nord, au sud et à l'est. Celui-ci est prolongé par la chapelle de la Vierge (Lady Chapel), surélevée d'une marche, qui occupe la pleine largeur du bâtiment ; elle est couverte de voûtes à clefs pendantes. Parsemée d'étoiles, de roses et de patères décoratives, la voûte du chœur est subdivisée par des nervures sculptées. Dans les bas-côtés, des architraves très ouvragées séparent des voûtes ogivales perpendiculaires à l'axe de l'édifice. De cette profusion de détails émerge l'exceptionnel **pilier de l'Apprenti★★★ (14)**. Selon la légende, alors que le maître maçon était en voyage à l'étranger, son apprenti sculpta le pilier que nous admirons aujourd'hui. À son retour, le maître maçon fou de rage et emporté par un accès de jalousie aurait tué l'apprenti (voir **30**, **29** et **27**). De la base aux huit dragons entrelacés s'élèvent des garnitures végétales s'enroulant autour de la colonne jusqu'au chapiteau sculpté ; le Stafford Knot – un nœud à trois boucles correspondant à l'emblème du Staffordshire et au blason de la famille du même nom – situé au côté sud du pilier représente l'emblème de cette famille. La richesse et l'abondance des sculptures sont telles qu'elles défient toute description. Certaines scènes de cette « bible de pierre » sont précisées ci-dessous et localisées sur le plan ci-contre.

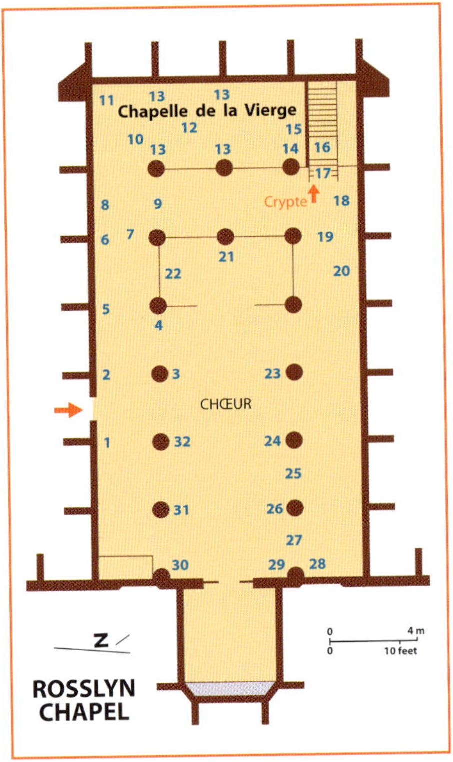


**Bas-côté nord – (1)** Pilier mural sur la droite de la porte : crucifixion ; **(2)** pilier mural : couronne d'épines tressée ; **(3)** pilier : diablotin ; **(4)** pilier : tête de lion ; **(5)** pilier mural : écu ; **(6)** pilier mural : écu portant les armoiries du fondateur et de sa femme ; **(7)** architrave, côté est : Christ en majesté ; **(8)** fenêtres : deux des douze apôtres ; **(9)** arc : Samson démolissant les piliers de la maison de Dagon.

**Chapelle de la Vierge – (10)** et **(11)** Nervures de la couverture : la danse de la mort est représentée par une série de 16 personnages ; **(12)** clef

Rosslyn Chapel.
M. Rea/age fotostock

**De l'imagination…**

Les sculptures qui ornent à profusion la chapelle peuvent donner lieu à toutes sortes d'interprétations symboliques. Ainsi, on y voit une centaine de représentations d'un Homme vert, symbole païen de la fertilité de la Nature. Plus étonnante encore est la reproduction fidèle d'un épi de maïs, qui semblerait confirmer l'hypothèse selon laquelle un ancêtre de sir William St Clair, Henri le Navigateur, aurait atteint les côtes d'Amérique cent ans avant Christophe Colomb. Enfin, on peut y constater une ressemblance frappante entre la croix de la famille St Clair et celle de l'ordre des Templiers, suggérant qu'il existait des liens étroits entre certains membres de cette famille et l'ordre… Toutes ces observations troublantes donnèrent naissance à une série de rumeurs et de suppositions, dont l'une en particulier retint l'attention de **Dan Brown** : Rosslyn détiendrait le secret du Saint-Graal ! Il n'en fallait pas plus pour que l'auteur fît de Rosslyn Chapel une des clés du dénouement de son célèbre roman « **Da Vinci Code** » !



pendante : l'étoile de Bethléem avec 8 personnages évoquant la naissance du Christ ; **(13)** piliers : anges ; **(14) pilier de l'Apprenti★★★** ; parmi les sculptures supérieures on reconnaît Isaac sur l'autel ainsi qu'un bélier pris dans un fourré ; **(15)** et **(16)** nervures de la couverture : série de 8 personnages.

**Bas-côté sud** – **(17)** Architrave : inscription en caractères lombards : « Le vin est fort, le roi est plus fort, les femmes sont plus fortes encore, mais par-dessus tout c'est la vérité qui triomphe » ; **(18)** fenêtre : deux des douze apôtres ; sur l'architrave surmontant la fenêtre, vous remarquerez un épi de maïs, originaire d'Amérique *(voir encadré ci-dessus)* ; **(19)** architrave, côté est : les vertus ; côté ouest : les vices ; **(20)** arc de la fenêtre : les 9 ordres de la hiérarchie angélique.

**Chœur** – **(21)** Niche : Vierge à l'Enfant de facture moderne remplaçant la statue détruite lors de la Réforme ; **(22)** sol : pierre funéraire du fondateur ; **(23)** pilier : personnages et animaux ; **(24)** pilier : Anne la prophétesse ; **(25)** arc : les douze apôtres et quatre martyrs, chacun accompagné de l'attribut de son martyre ; **(26)** pilier : Jésus en charpentier de Nazareth, deux hommes combattant et Samson ou David dans la fosse aux lions ; **(27)** sous la niche : la mère veuve ; **(28)** pilier : personnage couronné ; **(29)** à hauteur de la corniche : le maître maçon ; **(30)** à hauteur de la corniche : l'apprenti avec une balafre sur la tempe gauche ; **(31)** pilier : le fils prodigue donnant à manger à un cochon ; **(32)** pilier : trois personnages regardant la crucifixion **(1)**.

## Edinburgh Zoo ★★

**Plan p. 83 A2** *8 km à l'ouest par la A 90 et Cramond Rd South. Accès par Lothian bus n° 12, 26, 31 et 100 - ✆ (0131) 334 9171 - www.edinburghzoo.org.uk - ♿ (partiellement) - avr.-sept. : 10h-18h ; oct. et mars : 10h-17h ; nov.-fév. :*

*10h-16h (dernière entrée 1h av. la fermeture) - 21,95 £ (enf. 13,95 £), réduction si achat sur Internet - parking 3 £.*
Les 32 ha du Parc zoologique national d'Écosse occupent le versant sud de Corstorphine Hill. L'attraction la plus populaire est la **Penguin Parade**, composé de 30 manchots royaux et de 100 pingouins gentoos. On y voit aussi des orangs-outans, des koalas et des pandas géants (les seuls du Royaume-Uni), des loups et des espèces indigènes : le chat sauvage ou la martre des pins. Du haut de la colline (155 m ; *table d'orientation*), **vue** de l'ensemble d'Édimbourg, des Pentlands au sud, ainsi que des monts du loch Lomond.

## Lauriston Castle

**Hors plan p. 83** *8 km au nord-ouest par l'A 90 et Cramond Rd South - ✆ (0131) 336 2060 - www.edinburgh-museums.org.uk - bus n° 29, 37, 41 de Princes St. - visite guidée seult (40mn) sans réserv. lun.-jeu. à 14h et 15h, sam.-dim. à 14h, 14h30 et 15h (8 £) - parc : gratuit.*
Cette maison forte du 16e s. fut érigée par sir Archibald Napier, père de l'inventeur des logarithmes. **John Law** (1671-1729), financier et contrôleur général des Finances de France, y passa une partie de sa jeunesse. Agrandie au 19e s. et remise à neuf au début du 20e s., cette demeure témoigne des intérieurs raffinés édouardiens. Quelques pièces du mobilier retiennent l'attention (18e s. et copies 20e s.), de même que des patchworks de laine et une collection de faïences « Blue John ». Des tapisseries et des gravures ornent les murs. Ne manquez pas les moules des célèbres intailles de James Tassie (1735-1799). Le parc du château est agréable en été.

## The Royal Observatory

**Plan p. 83 B3** *Blackford Hill, à 5 km au sud du centre-ville (prendre la A 701 depuis Straiton Junction) - ✆ (0131) 668 8404 - www.roe.ac.uk/vc - ♿ - visite possible lors des Journées portes ouvertes (Doors Open Days, en sept.) et des Public Astronomy Evenings, 18h30-19h30 et 20h-21h, sur réserv. seult - 6 £ (enf. 4,50 £).*
L'observatoire fut transféré à Blackford Hill en 1896 pour échapper à l'air enfumé de Calton Hill. Le **centre d'accueil** (tour est) présente l'histoire de l'observatoire actuel et le fonctionnement d'un observatoire moderne. La **tour ouest** renferme un télescope de 40 cm de diamètre. La terrasse offre une belle **vue**★ sur la ville, depuis Bass Rock à l'est jusqu'au Fife et aux Lomond Hills à l'horizon. La **Rooftop Gallery** présente l'histoire de l'astronomie d'observation, le développement du télescope astronomique et le rôle joué par l'Écossais James Gregory. Le télescope de la **tour est**, le plus grand du pays (90 cm de diamètre), date de 1930.

## Craigmillar Castle ★

**Hors plan p. 83** *Craigmillar Castle Rd, à 5 km au sud-est de la ville (prendre la A 68) ; depuis Princes St. ou la gare de Waverley, prendre un bus en direction de la Royal Infirmary (le château se trouve à 800 m de là) - ✆ (0131)*

*661 4445 - www.historicenvironment.scot - ♿ (partiellement) - 10h-17h ; oct.-mars : 10h-15h30 - 7 £ (5-15 ans 3,60 £).*
Édifié sur une butte, le château de Craigmillar semble imprenable. C'est l'un des châteaux les mieux préservés d'Écosse. La maison forte (14e s.) surplombe massivement deux rangs de courtines. Le mur extérieur délimite une cour de façade et des jardins. Élevée en 1427, la courtine intérieure est divisée en quatre parties par des tours rondes, percée de canonnières et coiffée d'intéressants parapets désengagés à mâchicoulis. Surmontée des armoiries de la famille Preston, la porte intérieure fait face à la **maison forte** en L, aujourd'hui reliée à des constructions du 15e s. (est) et des 16e et 17e s. (ouest).



La **grande salle** du premier étage comprend une magnifique cheminée à hotte. Remarquer le colombier à l'angle nord-est du mur extérieur.
C'est dans cette forteresse que Marie Stuart trouva refuge après le meurtre de Rizzio et que se trama le complot perfide à l'encontre de son mari, Henri Darnley, qui mena finalement à l'abdication de la reine en 1567.

## South Queensferry

**Hors plan p. 83** *À 16 km au nord-ouest par la A90. Stagecoach Bus n° X55 depuis George St. (4,20 £ AS).*
Ancien bourg royal, South Queensferry est aujourd'hui une petite ville calme et charmante nichée sur la rive sud du **Firth of Forth**, à l'ombre des ponts *(voir encadré ci-dessous)*. Bordée par une colline où s'étagent les immeubles récents, la Vieille Ville domine le rivage. **High Street** a été joliment repavée de façon à mettre en valeur ses élégantes maisons, qui furent construites pour la plupart par d'opulents marchands

### Les ponts sur le Forth

**Forth Rail Bridge★** – Sa silhouette est familière. Construit entre 1883 et 1890, ce pont cantilever (suspendu sans câbles), avec ses 50 000 t de poutres métalliques, fut reconnu à son époque comme un grand exploit d'ingénierie ; sa construction ne se fit d'ailleurs pas sans accidents et sans morts. Attendez d'y voir passer un train, comme suspendu dans les airs sur la première portion de l'ouvrage. Le pont a été inscrit au Patrimoine mondial de l'Unesco en 2015. Une mini-croisière sur le Forth *(voir p. 84)* vous donnera l'occasion de le voir sous un autre angle.
**Forth Road Bridge** – En amont du Forth se dresse l'élégante silhouette de ce pont suspendu, avec son étonnante « courbe ». Il fallut six ans (de 1958 à 1964) pour l'achever. Il comporte deux chaussées larges de 7,30 m, des pistes cyclables et des trottoirs.
**Queensferry Crossing** – Construit pour soulager le Forth Road Bridge d'une partie de son trafic routier, ce pont a été inauguré en 2017. Avec ses trois pylônes atteignant 210 m de hauteur, c'est désormais le plus long pont (2,7 km) à haubans à trois tours d'Europe et le plus haut pont du Royaume-Uni.

ENVIRONS D'ÉDIMBOURG
0 1 km
0 1 mile
A
B
1
2
3
N
FIRTH OF FORTH
Royal Yacht Britannia
West Shore Rd
Marine Drive
West Granton Rd
Lower Granton Rd
Boswall Parkway
Granton Rd
TRINITY
Lindsay Rd
Newhaven Rd
SCOTTISH GOVERNMENT
Great Junction St
Salamander St
LEITH
Pennywell Rd
Crewe Rd North
Pilton Av.
Ferry Rd
WATER OF LEITH
ROYAL BOTANIC GARDEN
Pilrig St
McDonald Rd
Easter Rd
Lochend Rd
Restalrig Rd
Main St
BLACKHALL
Hillhouse Rd
Telford Rd
Crewe Rd South
Craigcrook Rd
Craigleith Rd
Queensferry Rd
St Andrew Square
York Place
Regent Rd
London Rd
Princes St
West End
Calton Rd
Palace of Holyroodhouse
Ravelston Dykes Rd
Ravelston Dykes
Scottish National Gallery of Modern Art
Edinburgh Waverley
Holyrood Park
MURRAYFIELD
Haymarket
Lothian Rd
Castle
Arthur's Seat
Edinburgh Zoo
Corstorphine Rd
Murrayfield Stadium
Morrison St
Lauriston Pl.
Queen's Drive
Meadow Park
Balgreen Rd
Dalry Rd
Dundee St
Gilmore Pl.
Duddingston Low Rd
Balgreen
Bruntsfield Pl.
Whitehouse Loan
Minto St
Dalkeith Rd
Stenhouse Drive
Stevenson Drive
Gorgie Rd
Slateford Rd
Polwarth Terrace
Colinton Rd
Morningside Rd
Grange Loan
Pefferмill Rd
Calder Rd
Chesser Av.
UNION CANAL
Cluny Gardens
West Mains Rd
Mayfield Rd
Dinmont Drive
Kingsknowe Rd North
Morningside Drive
BRAID
Royal Observatory
Gilmerton Rd
Lanark Rd
Glenlockhart Rd
Greenbank Rd
Greenbank Crescent
Comiston Rd
Braid Rd
Braid Hills Rd
Braid Hills Drive
Kirk Brae
Mount Vernon Rd
Firrhill Drive
Liberton Brae
Liberton Drive
Colinton Rd
Colinton Mains Drive
Oxgangs Rd North
Liberton Gardens
Lasswade Rd
Redford Rd
FAIRMILEHEAD
HOPETOUN HOUSE, SOUTH QUEENSFERRY, LAURISTON CASTLE
LINLITHGOW PALACE, GLASGOW (M 8), A 8
KILMARNOCK, AIRPORT
LANARK
BIGGAR
ROSSLYN CHAPEL
PEEBLES
PORTOBELLO, BERWICK-UPON-TWEED
CRAIGMILLAR CASTLE, GALASHIELS

à l'époque où le commerce était florissant. Certaines s'alignent uniformément en **terraces**, que l'on gagne par des marches et des rampes. Remarquez en particulier **Black Castle** et ses lucarnes à fronton, dont l'un porte la date de 1626. Le **tolbooth** possède plusieurs horloges publiques.

**Queensferry Museum** – *53 High St. - ✆ (01313) 315 545 - www.edinburghmuseums.org.uk - 10h-17h - gratuit, donation bienvenue.*
Ce petit musée, dédié à l'histoire locale, offre une vue dominante sur le Forth. Des télescopes et des jumelles permettent d'observer les détails des ponts et la vie animale au bord de l'estuaire.

En continuant vers le pont ferroviaire, les maisons s'espacent. Au pied du premier pilier, vous remarquerez **Hawes Inn** (*voir « Nos Adresses » p. 106*). Cette auberge du 17e s. se dresse probablement à l'emplacement de l'un des hospices pour pèlerins créés par la reine Margaret. Encore en activité, elle est citée dans des romans de Scott, *L'Antiquaire*, et de R. L. Stevenson, *Les Aventures de David Balfour*.

Vous pouvez compléter votre promenade par une **croisière** sur l'estuaire du Forth, qui vous donnera l'occasion de voir des macareux, des phoques et peut-être des dauphins (*avr.-oct., au départ de Hawes Piers :* **Maid of the Forth** *- ✆ (0131) 331 5000 - www.maidoftheforth.co.uk - 15/30 £ ou* **Forth Tours** *– ✆ (0131) 331 3030 - www.forthtours.com - 16/26 £, 5-15 ans 9/15 £ selon formule*). Selon les départs (*moyennant un suppl. de 6 £*), possibilité de faire escale à **Incholm Island**, célèbre pour son abbaye fondée au 12e s.



## Hopetoun House ★★

**Hors plan p. 83** *À 3 km à l'ouest de South Queensferry. First bus n° 43 ou 43X depuis St Andrew Sq. jusqu'à South Queensferry Police Station puis taxi (0131) 331 1077 ou (0131) 331 3232 - ✆ (0131) 331 2451 - www.hopetoun.co.uk - ♿ - Pâques-sept. : 10h30-17h (dernière entrée 1h av.) - 11,50 £ (5-16 ans 6 £) ; parc seult : 5,50 £ (5-16 ans 3,50 £).*

Une entrée en majesté ! La route d'accès ménage une impressionnante vue sur l'imposant château, enchâssé dans son magnifique parc. Deux figures majeures ont officié à Hopetoun House, **William Bruce** (de 1699 à 1707) et **William Adam** (de 1721 à 1767), chacun avec des styles bien différents, dont on retrouve de nombreuses illustrations en Écosse.

**Extérieur** – De style classique, le logis carré conçu par Bruce, dont les deux étages reposent sur un soubassement traité de façon rustique, reste l'élément majeur de la façade ouest. La splendide façade est – l'un des chefs-d'œuvre de William Adam – s'avère nettement plus théâtrale ; sa colonnade courbe relie le corps central à des pavillons.

**Intérieurs** – Toujours habité par la famille Hope, le cadre séduit par son mélange de faste et d'intimité, où les souvenirs de famille sont rehaussés par un très beau mobilier d'époque et une remarquable collection de peintures. En prêtant attention aux ornements des pièces, vous distinguerez le tracé sévère de Bruce, en particulier par ce recours presque exclusif à des matériaux locaux, tranchant fortement avec l'opulence des pièces d'apparat créées par Adam. Traverser directement le vestibule et commencer la visite par les pièces dues à Bruce.

On a réuni deux salles pour créer la **bibliothèque** lambrissée de pin. Dans la petite bibliothèque aux lambris de chêne joliment ciselés et dorés se trouve une œuvre de Nathaniel Dance, *Charles, Lord Hope* (1740-1766), qui accompagna Adam lors de son *grand tour*; la **cheminée** est en marbre de Portsoy.

Le **Garden Parlour**, un ancien vestibule ouvrant sur le jardin, jouit d'une merveilleuse décoration réalisée par Bruce : d'élégants panneaux de chêne, dont la sobriété est équilibrée par une corniche dorée, côtoient des linteaux, des chapiteaux de pilastres et un ensemble d'appliques en argent.

Somptueusement décorée, la **Bruce Bedchamber** *(chambre de Bruce)* est garnie d'un **lit** magnifique aux tentures en damas rouge. La suite originale comprenait le cabinet de toilette et le boudoir (exposition sur Bruce et son œuvre) et, à l'arrière, la **Charter Room** *(chartrier)*, la salle où étaient conservées les chartes.

Les lambris de pin octogonaux, admirablement sculptés par Alexander Eizat, répondent au tracé octogonal de la **cage d'escalier**, avec rampe et balustres en chêne.

La **West Wainscot Bedchamber** *(chambre lambrissée ouest)* est garnie de tapisseries d'Anvers (vers 1700).

Le **vestibule d'entrée** réunit les salles conçues par Bruce aux pièces d'apparat réalisées par Adam et n'est qu'un pâle reflet de ce qui suit. Le plafond cintré et les murs vert pâle sont rehaussés de détails blanc et or et par des médaillons de marbre.

Aujourd'hui restaurée, la **Yellow Drawing Room** *(salon jaune)* est indubitablement de William Adam, tandis que sa décoration intérieure est de son fils Robert. Au-dessus des murs recouverts de soie damassée jaune, le **plafond** cintré est orné de cartouches dorés et d'un motif central assorti. Les détails de la frise, les frontons et les cadres des portes sont également rehaussés d'or. Les larges miroirs et les consoles (Cullen) entre les fenêtres font partie du mobilier original de la salle à manger. Les commodes de Cullen situées de part et d'autre de la cheminée proviennent de la chambre d'apparat où, en 1822, le roi George IV anoblit le portraitiste Henry Raeburn et le capitaine Adam Ferguson, gardien des Regalia of Scotland (joyaux de la Couronne).

Dans la **Red Drawing Room** *(salon rouge)*, le stucage doré du plafond rococo est l'une des premières œuvres conçues par Adam. Dessiné spécialement pour cette pièce, le mobilier de James Cullen (fauteuils et chaises en acajou, consoles dorées surmontées de miroirs) a pour fonction essentielle d'être décoratif.

Rénovée en 1820, la **State Dining Room** *(salle à manger d'apparat)* témoigne du dernier style Régence par sa corniche décorative, ses revêtements muraux de cuir doré, ses rideaux et ses lambrequins élégants.

Les chaises et les consoles à tablette de marbre sont de Cullen. De la terrasse du toit, belles **vues** sur les jardins et l'estuaire du Forth.

**Jardins★★** – Offrant aussi de belles vues sur le Forth et ses ponts, le parc finit agréablement la visite. En suivant l'un des deux sentiers *(env. 1h chaque, brochure gratuite à l'accueil)*, vous cheminerez à travers les bosquets fleuris et les sous-bois, et peut-être aurez-vous la chance de croiser l'un des trente cerfs qui y gambadent !

Le côté « habité » d'Hopetoun en fait une résidence à visiter en famille. Des quiz (en anglais), des déguisements d'époque et un sentier sont d'ailleurs pensés pour les enfants.

## Linlithgow Palace ★★



**Hors plan p. 83** *À 29 km à l'ouest par la M8, sortie 4 puis A706, ou par la M9, sortie 3. En train : 20mn depuis Waverley (4/h) - ✆ (01506) 842 896 - www.historicenvironment.scot - août-mars : 10h-16h ; reste de l'année se rens. - 7,20 £ (5-15 ans 4,30 £) - en travaux, réouverture prévue courant 2023, se rens.*

Des panneaux explicatifs, en partie en français, éclairent succinctement l'histoire de chaque salle. Pour en savoir plus, sachez qu'une brochure plus détaillée, en français, est en vente à l'entrée.

Les imposantes ruines de cette ancienne demeure royale surplombent toujours la cité et le loch de Linlithgow. Même abîmée par les siècles, privée de toit et avec des murs nus dépouillés de leurs atours royaux, la splendeur passée de cette vaste résidence (15e-17e s.) transparaît partout, à commencer par son agencement, témoignant d'une étonnante recherche de rationalité et de confort pour l'époque. Il s'agissait en effet d'un « palais de plaisance », certes apprécié pour sa situation stratégique mais plus encore pour sa proximité avec d'agréables lieux de chasse.

L'histoire du lieu démarre en 1153 avec **David Ier**, qui bâtit la résidence originelle de Linlithgow. Détruite par un incendie en 1424, elle fut alors remplacée par un palais plus moderne commandé par Jacques Ier, modifié au cours des siècles par ses successeurs. Celui-ci mourut en effet avant de pouvoir achever son « palais idéal », et c'est son arrière-petit-fils **Jacques IV** (1488-1513) qui en fit l'une des plus belles résidences du pays, à l'occasion de son mariage avec Marie Tudor.

Le 10 avril 1512, le futur Jacques V naquit à Linlithgow, un an avant la date fatidique de 1513, qui vit la fine fleur de la chevalerie écossaise mourir au côté de son roi à Flodden. La reine et ses enfants partirent alors pour Stirling, mais **Jacques V**, qui partageait avec son père un même amour pour Linlithgow, vint plusieurs fois séjourner dans ce palais dont **Marie de Guise**, sa seconde femme, dit « qu'elle n'en avait jamais vu d'aussi princier ». Celle-ci et sa fille, **Marie Stuart**, séjournèrent au palais à maintes reprises. Le déclin de Linlithgow s'amorça avec l'union des deux couronnes, anglaise et écossaise, en 1603. Bonnie Prince Charlie y fit une visite éclair en 1745, immédiatement suivi des hommes du duc de

Cumberland, qui ne laissèrent que les ruines visibles aujourd'hui.

**Portail** ★ – Construit par Jacques V vers 1535 au bout de Kirkgate, il donne accès au parc royal, où se dressent le palais et l'église St-Michel. Côté ville, la porte monumentale est décorée des armoiries peintes de quatre ordres de chevalerie : de gauche à droite, la Jarretière, le Chardon, la Toison d'or et St-Michel.

**Cour intérieure** – Pièce centrale, la magnifique **fontaine**★★ de pierre a été réalisée vers 1530 à l'initiative de Jacques V. De forme octogonale, les trois bassins sont ornés de personnages, d'éperons, de médaillons, d'armes et de supports variés. Les façades du palais mêlent plusieurs styles. Trois d'entre elles datent des 15<sup>e</sup> et 16<sup>e</sup> s. La façade nord (1618-1620), la plus symétrique avec ses bandeaux décoratifs, présente des fenêtres à frontons frappés des emblèmes nationaux.

*Prenez l'escalier à vis nord-est pour gagner l'appartement royal du 1<sup>er</sup> étage.*

**Premier étage** – À gauche du couloir se trouve la cuisine avec sa vaste cheminée. Impressionnant par ses dimensions, le **Great Hall** *(grande salle)* occupe toute la longueur de l'aile est. Près de l'estrade, une superbe **cheminée à hotte**★★ se distingue par son décor sculpté. Derrière la pièce d'angle, la **chapelle** conserve entre ses fenêtres quatre niches joliment ouvragées. Les appartements de l'aile ouest comprennent la salle du roi, la salle d'audience et la chambre à coucher du roi à l'extrémité. Adjacents, les **oratoires du roi et de la reine** présentent des clefs de voûte ornées de la licorne. Un passage mène à l'aile transformée par William Wallace au début du 17<sup>e</sup> s. On peut également visiter les celliers et les salles des gardes, et emprunter l'un des escaliers tournants (nord-ouest) pour bénéficier d'une vue d'ensemble.

**Extérieur** – Lorsque l'on regarde la façade d'entrée, l'œil est immédiatement attiré par l'ensemble de cinq fenêtres à lancettes qui indique la chapelle. En contournant la façade est, on aperçoit l'entrée originale flanquée de niches élancées couvertes de dais et surmontées par les armoiries royales. La grande fenêtre surmontée de six autres fenêtres assez larges permet d'identifier la grande salle. Les baies sont plus nombreuses et plus régulières sur la façade nord, élevée au 17<sup>e</sup> s., tandis que la façade ouest, plus simple, se distingue par ses tours d'angle.

40
BEST
EXTRAORDINARY
SUPERIOR GOODS!
2nd TO NONE
WORLD
FAMOUS!
DMISSION
FREE!
Maison BLEUE
of Officially Licen
HARRY POTTER Merchandise
RESTAURANT 36 CAFE / BAR
USEUM
CONTEXT

# NOS ADRESSES





Victoria Street.
Jon Arnold Images/hemis.fr

# Se restaurer

Vous trouverez de nombreux restaurants dans la partie centrale de Royal Mile, vers Grassmarket ou le long de George St. et de ses rues parallèles à New Town. La plupart proposent des menus le midi et en tout début de soirée (**pre theatre**), ce qui permet de découvrir des tables souvent « inaccessibles ». Ne négligez pas non plus les pubs, qui permettent de manger à moindre coût une cuisine traditionnelle (frites, *burgers, haggis, fish & chips*...) dans une ambiance conviviale. Les restaurants de Leith se sont spécialisés dans les produits de la mer avec, pour la plupart, deux arrivages quotidiens garants d'un maximum de fraîcheur.

Le week-end, la majorité des établissements servent un *scottish breakfast* qui fait office de brunch, à base de toasts, saucisses, bacon, haricots, œufs, tomates et champignons. Certains ajoutent du *haggis* (voir *« Saveurs écossaises » p. 154*), du boudin noir *(black pudding)* et parfois du hareng fumé *(kipper)*. Le dimanche est servi le traditionnel *sunday roast* (le « rôti du dimanche »). Tous les établissements proposent des plats végétariens. En haute saison et durant les week-ends, il est recommandé de réserver.



Vous pouvez également consulter le chapitre *« Prendre un verre » (p. 100)* : certaines des adresses de la sélection servent des repas légers, parfaits pour déjeuner.

**Repérez les adresses sur nos plans grâce aux pastilles numérotées (ex. 1). Les coordonnées en rouge (ex. C2) font référence au plan détachable (à l'intérieur de la couverture).**

## Royal Mile

**Plan de quartier pp. 14-15**

### Moins de 15 £

**32 Oink Canongate – G4** - *82 Canongate - (0758) 463 7416 - www.oinkhogroast.co.uk - 11h-17h - moins de 15 £.* Le cochon rose (découpé) comme enseigne annonce la spécialité du lieu : le *Scottish hog roast*. De beaux cochons élevés dans les fermes du Berwickshire sont ici rôtis en vitrine et servis en fines lamelles garnissant un sandwich (diverses sortes de pains et de sauces). C'est simple, sans prétention, goûteux, bon marché... à défaut d'être diététique.

### De 30 à 40 £

**15 Amber – E5** - *354 Castlehill (au sous-sol de The Scotch Whisky Experience) - (0131) 220 0441 ou 477 8477 - www.scotchwhiskyexperience.co.uk - 11h-19h30 - à la carte 29/41 £ - menu 39 £ - réserv. conseillée.* Touristique et bondé, ce restaurant nous a (agréablement) surpris par la qualité de ses plats de tradition écossaise, rondement exécutés. Ultra caloriques, dans la plus pure tradition britannique, les desserts peinent plus à convaincre. Bar à whisky adjacent.

### Plus de 40 £

19 **The Witchery by the Castle** – **E5** - *325 Castlehill - ✆ (0131) 225 5613 - www.thewitchery.com - 12h-23h30 - à la carte 36/63 £.* À deux pas du château, ce restaurant occupe la maison d'un marchand du 16e s. Les décors de la Renaissance ont été recréés, avec panneaux en bois et chandeliers. Ambiance touristique haut de gamme, cuisine écossaise à base de produits de saison, poissons, fruits de mer et gibier. L'adresse propose aussi des déjeuners légers ou des *theatre supper (12h-18h et 22h30-23h30, 25 £).* Les neuf chambres de l'établissement, à la déco gothique d'un haut standing, sont très prisées.

33 **Wedgwood** – **G5** - *267 Canongate - ✆ (0131) 558 8737 - www.wedgwoodtherestaurant.co.uk - 12h-15h, 18h-22h - à la carte 43,50/55 £.* Une salle vaste mais intime et chaleureuse, un service impeccable, une cuisine raffinée à base de produits de saison... L'agneau est vivement conseillé.

## Au sud du Royal Mile

**Plan de quartier pp. 14-15**

### Moins de 15 £

36 **The Pie Maker** – **F5** - *38 South Bridge - ✆ (0131) 558 1728 - www.thepiemaker.co.uk - 11h-17h - moins de 15 £.* Les *pies*, ces petites tourtes très appréciées des Écossais, sont ici de qualité, richement garnies et déclinées en 30 versions salées et sucrées.

37 **Oink Victoria** – **E5** - *34 Victoria St. - ✆ (0777) 196 8233 - www.oinkhogroast.co.uk - 11h-17h - moins de 15 £.* Autre enseigne de l'adresse de Canongate (*voir ci-contre).*

### De 15 à 30 £

35 **Mums** – **F6** - *4a Forrest Rd - ✆ (0131) 260 9806 - www.monstermashcafe.co.uk - 9h-22h, dim. 10h-22h - à la carte 12/23 £.* Ouvert en 2002, rénové en 2010, ce café sent pourtant bon... les années 1950. Dans l'assiette comme pour la déco ! Les étudiants de l'université toute proche s'y ruent pour avaler de généreuses portions de *bangers and mash* (saucisse-purée) ou de *shepherd's pie* et autres préparations populaires (*pies, fish & chips*, œufs sous toutes les formes...) préparées ici avec des produits de qualité.

24 **Under the Stairs** – **F6** - *3a Merchant St. - ✆ (0131) 466 8550 - www.underthestairs.org - lun., mer., jeu. 16h-0h, ven.-sam. 14h- h, dim. 14h-0h - 10/18 £.* Ambiance feutrée et chaleureuse dans ce petit restaurant que l'on découvre dans un sous-sol, près du cimetière Greyfriars. Non loin du feu qui crépite et des poissons qui bullent, on goûte à des plats intelligents et créatifs, toujours riches en produits locaux. Belle sélection végétarienne. Cocktails intrigants.

22 **The Outsider** – **F6** - *15-16 George IV Bridge - ✆ (0131) 226 3131 - www.theoutsiderrestaurant.com - 12h-22h (vend.-sam. 23h) - 16/29 £.* Simple mais efficace, The Outsider tape toujours dans le mille avec des plats très équilibrés, aux saveurs recherchées. On aime particulièrement la vue sur le château et l'ambiance « à la lueur de la bougie » le soir. Très bon rapport

qualité-prix, qui devient excellent à l'heure du déjeuner.

### De 30 à 40 £

2 **The Grain Store** – **E5** - *30 Victoria St. - 1er étage - (0131) 225 7635 - www.grainstore-restaurant.co.uk - à partir de 12h, dim. 12h30-18h - fermé lun.-merc. - à la carte 25/56 £.* Dans une très jolie rue d'Édimbourg, ambiance rustique, avec une succession de salles sous des voûtes de pierres noircies par le temps. Plats écossais classiques (bœuf Angus) ou spécialités plus originales à base de gibier.

17 **The Mussel & Steak Bar** – **E5-6** - *110 West Bow - (0131) 225 5028 - www.musselandsteakbar.com - 11h30-22h - à la carte 30/55 £.* Moules charnues et tendres grillades tiennent bien évidemment le haut du pavé de ce « bar » design idéalement placé à l'extrémité est de Grassmarket. L'atmosphère conviviale se fait plus feutrée le soir.



### Plus de 40 £

39 **Ondine** – **E5** - *2 George IV Bridge - (0131) 226 1888 - www.ondinerestaurant.co.uk - 12h-21h, dim. 12h-15h - fermé lun.-mar. - à la carte 44/70 £.* Dirigée par le chef Roy Brett, cette table sert l'une des meilleures cuisines écossaises de la capitale, avec les produits maritimes comme point fort. On peut notamment s'y régaler de superbes plateaux de fruits de mer autour d'un beau bar en forme de fer à cheval. « Oyster Happy Hour » (huîtres à 1 £, *lun.-sam. 12h-14h et 17h30-18h30*).

**Rhubarb Restaurant** – **Hors plan par H8** - *Priestfield Rd - (0131) 225 1333 - www.rhubarb-edinburgh.com - 12h-14h, 18h-22h, dim. 12h30-15h, 18h-22h - à la carte 41/67 £ - menu 44 £.* Cette adresse située dans le luxueux hôtel Prestonfield est gérée par James Thomson, le propriétaire du restaurant *Witchery by the Castle*. Le cadre chic et feutré donne le ton. La cuisine fusion sera à la hauteur des attentes des plus fins gourmets. On apprécie le chevreuil au chou rouge et poivre rose.

40 **Timberyard** – **D6** - *10 Lady Lawson St. - (0131) 221 1222 - www.timberyard.co - 17h-21h, vend.-sam. 12h-21h, dim. 12h-18h - fermé lun.-merc. - à la carte 31/37 £ - menu 5 plats 47 £.* Ce restaurant branché estampillé Slow Food est installé dans un bel édifice du 19e s. dont tous les éléments ont été conservés pour créer un intérieur très réussi (brique, bois brut, métal, plaids). Dans l'assiette, une cuisine remarquable à base de produits locaux et de saison. Agneau, moules fumées… Attention, la note peut très vite monter !

## Princes Street

**Plan de quartier** **pp. 56-57**

### De 15 à 30 £

5 **Makars Gourmet Mash Bar** – **E5** - *9 North Bank St. - (0131) 226 1178 - makarsmash.com - lun.-sam. 12h-20h30 (21h30 vend.-sam.), dim. 12h-15h30 - plats 14/17 £.* Une adresse conviviale qui séduit par sa terrasse chauffée avec vue imprenable sur la ville, ses *drams* de whisky à 4,50 £ et par sa carte qui mise tout sur le local : viandes du boucher Crombies, *haggis* de chez Hornig, *black pudding* en direct de Stornoway… On a testé le poulet grillé sauce moutarde-whisky : savoureux !

The Witchery, sur Castlehill.
R. McGinnis/Alamy/hemis.fr

W
THE
WITCHERY

### De 30 à 40 £

6 **Brasserie Prince** – **F4** - *1 Princes St. - Balmoral Hotel - ✆ (0131) 557 5000 - www.roccofortehotels.com - 7h-14h15, 18h30-22h - à la carte 31,50/42 £.* Au sein du prestigieux hôtel Balmoral, ce restaurant en possède toute la classe et le raffinement. Un mélange réussi entre la brasserie classique et le service attentionné. La carte décline une cuisine internationale classique parfois relevée d'une petite touche britannique. Le tout savamment préparé par le chef Gary Robinson Réservation conseillée.

### Plus de 40 £

23 **Number One** – **F4** - *1 Princes St. - Balmoral Hotel - ✆ (0131) 557 6727 - www.roccofortehotels.com - 18h-21h30 - fermé lun.-jeu. - menu 7 plats 110 £.* Un des meilleurs restaurants d'Écosse. Dans un cadre élégant, Mark Donald prépare une cuisine à la hauteur du décor : des classiques écossais somptueux, renouvelés selon la saison, avec quelques saveurs françaises.



## New Town

**Plan de quartier pp. 56-57**

### De 15 à 30 £

14 **Indigo Yard** – **C5** - *7 Charlotte Lane - ✆ (0131) 220 5603 - www.indigoyardedinburgh.co.uk - 9h-0h - à la carte 24/31 £.* On déniche cette adresse branchée au fond d'une cour-terrasse occupée par une pizzeria, dans une ruelle aux pavés défoncés et bordée de poubelles. Improbable ! Pourtant, ces anciennes écuries réaménagées avec mezzanine et verrière méritent le détour pour leur ambiance décontractée, leur carte moderne et... leurs cocktails. *Breakfast* servi toute la journée le week-end. Bonnes assiettes à partager *(Scottish meat & cheese platter : 11 £/pers.).*

1 **Dirty Dick's** – **D5** - *159 Rose St. - ✆ (0131) 260 9920 - www.dirtydicksedinburgh.com - 12h-22h - plat 10/25 £.* Un des plus anciens pubs de la rue, établi en 1859. Miroirs et souvenirs en tout genre décorent la salle des murs au plafond. Cuisine écossaise classique.

4 **Café Marlayne** – **D4** - *76 Thistle St. - ✆ (0131) 226 2230 - www.cafemarlayne.com - 12h-15h, 18h-22h, sam. 12h-22h - formule déj. 14 £ - à la carte 23,50/33 £.* La petite salle cosy est souvent pleine à craquer à midi. Le menu décline une cuisine franco-écossaise imaginative et raffinée, joliment dressée. Plats plus traditionnels de brasserie au déjeuner, mais toujours avec une touche d'originalité.

10 **Mussel Inn** – **E4** - *61-65 Rose St. - ✆ (0131) 225 5979 - www.mussel-inn.com - 12h-22h, dim. 12h30-22h - à la carte 23/35 £.* Adresse conviviale où l'on vient pour déguster une marmite de moules des Orcades à l'échalote et à la crème, au bleu et au bacon ou encore à la marocaine. Entre autres... Compter 6/8 £ le 1/2 kg et 12/16 £ le kilo. Coquilles St-Jacques et bouquets sont aussi au menu. Le seul hamburger de la carte est cuisiné à partir d'Angus.

44 **Café St-Honoré** – **DE4** - *34 Thistle St. North West Lane - ✆ (0131) 226 2211 - www.cafesthonore.com - jeu.-lun. 12h-14h et 17h30-21h - plats à la*

*carte 15,50/26 £, menu 2 plats 21,50 £, 3 plats 27,50 £.* Étoile montante de la gastronomie écossaise, le jeune chef Neil Forbes a ouvert cette adresse au décor de brasserie parisienne. Haddock fumé servi avec des épinards et du bleu de Lanark ou matelote de colin, langoustines et moules des Shetlands : la cuisine, associant produits écossais et influence française, est d'excellente facture.

## De 30 à 40 £

43 **L'Escargot Bleu** – **F2** - *56 Broughton St. - ✆ (0131) 557 1600 - www.lescargotbleu.co.uk - 12h-22h, vend.-sam. 12h-22h30, (en août, ouv. aussi le dim.) - à la carte 30/48 £.* L'escargot symbolise la cuisine française et le bleu le drapeau écossais : une belle rencontre entre des produits et des modes de préparations locaux et hexagonaux !

13 **Fishers in the City** – **E4** - *58 Thistle St. - ✆ (0131) 225 5109 - www.fishersbistros.co.uk - 12h-22h30 - à la carte 33,50/41,50 £.* Comme les deux autres adresses à Leith, ce restaurant propose des poissons d'une fraîcheur incontestable, à la cuisson impeccable. Même l'option *fish & chips (15 £)* prend une autre saveur dans ce cadre soigné à l'éclairage tamisé !

8 **Browns Brasserie** – **D4** - *131-133 George St. - ✆ (0131) 225 4442 - www.browns-restaurants.co.uk - 11h-23h, vend.-sam. 11h-0h, dim. 10h-22h30 - à la carte 26,50/43,50 £.* Presque à l'angle de Charlotte Square, une adresse idéale pour prendre un traditional *breakfast* ou un *afternoon tea (15h-17h, 19 £)* dans un cadre design et une ambiance de brasserie branchée. Ici, les pâtisseries – *banoffee* au coulis de caramel (*toffee sauce*) – promettent de grands instants gourmands qui tiennent au corps.

7 **Forth Floor** – **F4** - *30-34 St Andrew Sq. - le soir, par Multrees Walk - ✆ (0131) 524 8350 - www.harveynichols.com - 11h-18h, jeu.-sam. 11h-23h - à la carte 30/44 £ - menu 25 £.* Installé au dernier étage du grand magasin Harvey Nichols, la superbe terrasse de ce restaurant dispose de l'une des plus belles vues de la ville. Le chef Stuart Muir concocte une cuisine moderne à base de produits écossais. Un bar et une brasserie jouxtent le restaurant.

18 **The Dome** – **E4** - *14 George St. - ✆ (0131) 624 8624 - www.thedomeedinburgh.com - 12h-22h - à la carte 32/41,50 £.* Décor grandiose : le bar restaurant est installé sous une verrière dans une immense salle 1900. Plats sans prétention, clientèle locale. Si vous n'avez pas la patience d'attendre jusqu'au dîner pour profiter du décor, la formule thé à 22 £ dans la *Georgian Tea Room (12h-17h)* est un bon compromis (petits sandwichs, *scones*).

12 **L'Escargot Blanc** – **C5** - *17 Queensferry St. - ✆ (0131) 226 1890 - 12h-22h, vend.-sam. 12h-22h30 - fermé dim. - à la carte 28/40 £ - réserv. conseillée.* Bar à vin chaleureux au rez-de-chaussée, élégante brasserie néo-rétro au 1er étage, ce *spot* à la française a vite trouvé ses fidèles, et vu la qualité de l'assiette et du service, on comprend pourquoi. Une excellente adresse.

27 **Fhìor** – **F3** - *36 Broughton St. - ✆ (0131) 477 5000 - www.fhior.com - merc.-jeu. 18h30-21h30, vend.-sam. 12h30-14h30 et 18h30-21h30 - fermé 1re quinz. de janv. - menu déj. 4 plats 35 £, menu soir 7 plats 65 £.* Pommes de terre noires des Shetlands, poireaux bio de Musselburgh… : Laura et Scott Smith choisissent avec un soin infini tous leurs ingrédients pour faire de leur menu-surprise un véritable voyage culinaire à travers l'Écosse. Minimaliste mais *fhìor* (« authentique » en gaélique).

### Plus de 40 £

25 **Noto**– **E4** - *47a Thistle St. - ✆ (0131) 241 8518 - www.notoedinburgh.co.uk - 12h-14h30, 17h30-21h - small plates entre 9 et 20 £, compter 3 assiettes par pers.*



Le concept de Noto est simple : un voyage entre la gastronomie écossaise et japonaise, des assiettes de dégustation à partager. Le menu change sans cesse, même si on y trouve toujours des produits de la mer ainsi que de beaux fromages écossais. Une certaine idée de la gourmandise !

## Calton Hill

**Plan de quartier** **pp. 56-57**

### De 15 à 30 £

41 **The Lookout** – **G3** - *Collective Site (accès par l'Observatoire astronomique, entrée Sud ou Est) - ✆ (0131) 322 1246 - thelookoutedinburgh.co - jeu.-vend. 12h-20h30, w.-end 10h-20h30 - menu déj. 28 £, plats à la carte déj. 9/19 £, menu dîner 34 £, dégustation 80 £.* Profitez de l'une des plus belles vues de la ville depuis les baies vitrées de cette bâtisse en porte-à-faux au sommet de Calton Hill. La salle se distingue par son style très épuré, presque scandinave, et la cuisine reflète cet esprit, avec des assiettes résolument contemporaines qui laissent la vedette au produit principal.

42 **Valvona & Crolla Caffè, Bar & Restaurant** – **G2** - *19 Elm Row - ✆ (0131) 556 6066 - www.valvonacrolla.co.uk - lun.-sam. 9h-18h - plats 18/22 £.* Cette adresse transalpine a su s'imposer depuis 1934 par la qualité de ses produits, *prosciutto* en tête. Épicerie fine au rez-de-chaussée et petite cantine à l'étage avec une carte fleurant bon l'Italie : *taglierini* à la sicilienne, *parmigiana*, pizza…

### De 30 à 40 £

11 **The Gardener's Cottage** – **G3** - *1 Royal Terrace Gardens - ✆ (0131) 677 0244 - www.thegardenerscottage.co - déj. 12h-14h30, dîner 17h-21h30 - brunch : w.-end 10h-14h30 - 25 £ (déj.)/50 £ (dîner, menu unique).* On a adoré l'ambiance et les plats de ce minuscule restaurant, ses tables communes et son décor rustique tendance minimaliste, dans une maisonnette enfouie sous les arbres. Fraîche et pleine de saveurs, la cuisine écossaise s'y parfume à l'air du temps, privilégiant les produits du terroir.

## West End

**Plan détachable**

### De 15 à 30 £

3 **First Coast** – **B7** - *97-101 Dalry Rd - ✆ (0131) 313 4404 - www.first-coast.*

Abi Radford/Timberyard

Le restaurant Timberyard.



*co.uk - 12h-14h, 17h-23h, sam. 12h-23h - fermé dim. - menu 3 plats 26 £ (16 £ mar.-jeu. 17h-18h30).* Près de la gare de Haymarket, ce restaurant propose une cuisine d'inspiration du sud, aux saveurs rafraîchissantes. La pieuvre s'y marie avec les tomates et les pois chiches ou le colin avec le fenouil et la chicorée.

29 **Loudons** – **C7** - *94b Fountainbridge - ✆ (0131) 228 9774 - loudons.co.uk - 8h-15h, w.-end 8h-16h - moins de 20 £.* Un café de West End prisé par une clientèle jeune et branchée qui y apprécie la qualité des produits. Cadre spacieux, déco moderne, cuisine ouverte. Idéal pour un petit-déjeuner *(11,95 £)*, un déjeuner sur le pouce (salades, soupes) ou une pause- café/thé. Irrésistible buffet de gâteaux maison (cheesecake, carrot cake...).

## De 30 à 40 £

9 **Kyloe Restaurant** – **D5** - *1-3 Rutland St. - ✆ (0131) 229 3402 - www.kyloerestaurant.com - ♿ - merc.-vend. 17h-22h, w.-end 12h-22h - à la carte 30/50 £.* Logé au sein du très chic hôtel *Rutland*, le Kyloe Restaurant baisse (un peu) ses prix à l'heure du déjeuner, ce qui permet de goûter une cuisine de brasserie chic dans une atmosphère feutrée. Bar très trendy.

20 **Dine Edinburgh** – **D6** - *10 Cambridge St. - ✆ (0131) 218 1818 - www.dineedinburgh.co.uk - jeu.-sam.*

*12h-23h, dim. 12h-21h - plats 14,50/21 £.* Au 1er étage de l'Usher Hall, une spacieuse brasserie dotée d'un bar avec lounge. À la carte : des viandes grillées (c'est son point fort), de la morue rôtie aux pommes de terre sautées et des entrées peu banales : pomme caramélisée, stilton et *black pudding*.

31 **One Square** – **D6** - *1 Festival Sq. - ✆ (0131) 221 6422 - www.onesquareedinburgh.co.uk - 7h-14h, 17h-22h, vend.-sam. 7h-14h, 17h-22h30, dim. 7h-23h - à la carte 27,50/56,50 £ - déj. du dim. 35 £.* Une brasserie branchée, à la décoration stylée et colorée. Au menu, de copieux petits-déjeuners et des plats écossais revisités. Alléchante formule *Afternoon Tea (28 £)*. Agréable terrasse si le temps le permet.

ZAC and ZAC/Martin Wishart

Martin Wishart Restaurant.

## Stockbridge

**Plan de quartier pp. 56-57 et plan détachable**

### Moins de 15 £

21 **Söderberg Stockbridge** – **C3** - *3 Deanhaugh St. - ✆ (0131) 332 2901 - www.soderberg.uk - 9h-18h - moins de 15 £.* Agréable bistro contemporain. Le café y est de qualité et les viennoiseries, glaces et pizzas constituent de bons petits déjeuners ou lunch rapides. Six autres adresses en ville dont une à Quarter Mile (27 Simpson Loan).

### De 15 à 30 £

46 **Hamilton's** – **D3** - *16-18 Hamilton Pl. - Stockbridge - ✆ (0131) 226 4199 - www.hamiltonsedinburgh.co.uk - 9h-1h - à la carte 24/32,50 £.* Petit-déjeuner, brunch, repas et cocktails à déguster assis dans de confortables canapés en cuir ou perché sur des tables hautes. Concert le dimanche soir.

30 **The Scran & Scallie** – **C2** - *1 Comely Bank Rd - Stockbridge - ✆ (0131) 332 6281 - scranandscallie.com - 12h-22h - à la carte 31,50/49,50 £, menu du midi (lun.-vend.) 19 £.* Un gastro-pub ouvert par les propriétaires de *The Kitchin (* *voir ci-contre**).* Dans une salle cosy décorée dans un esprit bric-à-brac (bois, murs de brique, mobilier chiné), on se délecte de plats écossais raffinés, toujours bien dressés, tels que les *fish & chips* ou le *cottage pie*.

## Leith

**Plan de quartier** **p. 75**

### Moins de 15 £

52 **Mimi's Bakehouse** – *63 The Shore - ✆ (0131) 555 5908 - mimisbakehouse.com - 9h30-17h - moins de 15 £.* Carrot cake, gâteau chocolat-rainbow ou chocolat-courgette, *scones*… autant de délices à déguster dans ce grand salon de thé à la déco originale (moulures, mobilier noir et blanc, murs pastel, canapés en velours). Carte efficace pour le déjeuner – soupe, sandwich, pâtes, *quesadillas* – et formules *Afternoon Tea (18/27 £).*

### De 15 à 30 £

50 **Fishers Leith** – *1 The Shore - ✆ (0131) 554 5666 - www.fishersrestaurants.co.uk - 12h-23h, dim. 12h30-23h - à la carte 24,50/47,50 £.* Dans un ancien moulin, ce restaurant décline avec un grand savoir-faire toute la palette des produits de la mer, qui change au gré des arrivages. Le midi, les tables sont dressées à l'extérieur le long du canal. Menu végétarien. Plateau de fruits de mer servi avec du saumon fumé : 21,50 £.

Autre adresse à Leith, **The Shore Bar & Restaurant** (51 *- 3 The Shore – ✆ (0131) 553 5080 - 12h-23h, dim. 12h30-23h - à la carte 28,50/45 £)* et dans New Town *(voir Fishers in the City, p. 95).*

56 **Borough** – *50-54 Henderson St. - ✆ (0131) 554 7655 - www.boroughrestaurant.com - merc.-vend. 17h-21h30, sam. 12h-14h30 et 17h-21h30 - fermé 1re quinz. de janv. - menu du sam. midi 16,50/20 £ ; menu du soir (4 plats) 39 £.* Dans la catégorie « cuisine créative et contemporaine », la cantine d'Aleks et Darren tient très bien la route : leurs compositions sont graphiques (pas plus de 4 ingrédients par assiette) et leurs associations audacieuses mais toujours savoureuses. Portions un peu menues.

### Plus de 40 £

54 **Martin Wishart Restaurant** – *54 The Shore - ✆ (0131) 553 3557 - restaurantmartinwishart.co.uk - 12h-13h30, 19h-21h30, vend.-sam. 12h-13h30, 18h30-21h30 - fermé dim.-lun. - déj. 3 plats 38,50 £ ; menu dégustation 90 £.* Le restaurant le plus chic et le plus gastronomique du quartier. Cuisine contemporaine avec des accents très français et des saveurs sucré-salé. Une belle carte de desserts et de vins. Menu dégustation, végétarien, fruits de mer.

55 **The Kitchin** – *78 Commercial Quay - ✆ (0131) 555 1755 - thekitchin.com - 12h-14h30, 18h-22h - fermé dim.-lun. - menu dîner 90 £.* Cet excellent restaurant, décoré d'une étoile Michelin depuis 2007, mérite le détour pour sa situation dans les anciens docks rénovés, en bord de mer, pour sa décoration originale et, surtout, pour la cuisine moderne d'inspiration franco-écossaise du talentueux Tom Kitchin. Ce jeune chef, qui collectionne les récompenses, a fait ses armes chez Alain Ducasse. « De la nature à l'assiette », il n'y a qu'un pas, franchi ici avec brio.

# Prendre un verre

Les pubs traditionnels servent souvent des repas simples au bar ou plus élaborés en salle, pour des prix variables selon la notoriété de l'établissement (mais souvent plus économique que des « vrais » restaurants). Ils ferment généralement à minuit ou 1h du matin.

De nombreux bars (avec terrasse en été) se succèdent le long de la place qui longe **Grassmarket**, quartier général de la jeunesse d'Édimbourg. Si vous préférez plus calme, dirigez-vous vers la Nouvelle Ville. Vous trouverez, dans **Rose Street,** pubs et bars parfaits pour une pause au cours d'un après-midi shopping. Dans **George Street** et à l'extrémité ouest de **Princes Street** se nichent quelques établissements prestigieux. Les rues adjacentes et le nord du quartier abritent, quant à eux, des adresses souvent connues des seuls habitués. Enfin, l'esprit indépendant de **Broughton Street** attire une clientèle bobo et gay.

**Repérez les adresses sur nos plans grâce aux pastilles numérotées (ex. 1). Les coordonnées en rouge (ex. C2) font référence au plan détachable (à l'intérieur de la couverture).**



## Royal Mile

**Plan de quartier** **pp. 14-15**

### Dans la journée

**32 Tani Modi** – **E4** - *103 Hanover St. - ✆ (0131) 466 3289 - www.tanimodi.com - mer.-vend. 9h-16h, sam.-dim. 9h-17h.* Merveilleuse adresse pour faire une pause déjeuner ou pour un brunch. Tani Modi est réputé pour ses pancakes, que l'on peut accompagner de fruits, de chocolat, de bacon ou de pistaches. Le restaurant est aussi connu pour ses sandwichs à l'italienne (*piadina*, panini...) et ses généreuses boissons chaudes.

**33 Forsyth's Tea Room** – **F5** - *81 High St. - ✆ (0131) 557 5150 - 9h-18h.* À l'écart de High Street, dans une toute petite ruelle, cette discrète adresse est bien connue des amateurs de thé (et des touristes). Tasses à décor, tartes, *scones* et *shortbreads*... Le tout servi par un personnel charmant. Un sans faute, attendu mais rassurant.

**26 Clarinda's Tea Room** – **G4** - *69 Canongate - ✆ (0131) 557 1888 - 10h-16h30.* Certes un peu touristique – emplacement stratégique oblige –, cette adresse colle parfaitement à l'image que l'on se fait d'un salon de thé à l'ancienne. Mobilier, nappes en dentelle, photographies noir et blanc, tasses et théières fleuries... Tout y est (et contraste fortement avec le bâtiment *seventies* qui l'héberge). Les boissons s'accompagnent des traditionnels *shortbreads*, *scones* et autres douceurs.

### En soirée

**25 The World's End** – **FG5** - *2-8 High St. - ✆ (0131) 556 3628 - 11h-0h (fermeture de la cuisine à 22h) - 11/18 £.* Un pub de quartier connu

Kenny Lam/VisitScotland



Le Café Royal.

pour ses *fish & chips* et sa décoration cocasse. L'un des murs de ce bar-restaurant est en fait un vestige du Flodden Wall, une fortification érigée au 16e s. pour protéger la ville. Le nom *World's End*, la « fin du monde », évoque l'ancienne porte de la ville qui se trouvait à cette intersection. Les personnes les plus pauvres ne pouvaient la franchir au risque de ne pouvoir revenir, car il fallait payer une taxe. C'était donc là… la fin de leur monde.

1 **Deacon Brodies Tavern** – **E5** - *435 Lawnmarket - ✆ (0131) 225 6531 - www.nicholsonspubs.co.uk - 12h-0h, vend.-sam. 11h-1h.* Bâti en 1894, l'endroit porte le nom de William Deacon Brodie, conseiller municipal au 18e s. et personnage ambivalent, qui a inspiré le Dr. Jekyll à Robert Louis Stevenson. Pub traditionnel au rez-de-chaussée et restaurant à l'étage avec une carte aux accents écossais.

2 **The Jolly Judge** – **E5** - *7 James Court - Lawnmarket - ✆ (0131) 225 2669 - www.jollyjudge.co.uk - 12h-21h, vend.-sam. 12h-22h, dim. 14h-20h.* À l'enseigne du « joyeux juge », ce pub est tout proche du Deacon Brodies Tavern et du château. Bien caché, la clientèle d'amateurs et d'habitués aime savourer une pinte ou un whisky dans ce sous-sol convivial et pittoresque. Quelques tables aussi dans la minuscule cour.

27 **The Devil's Advocate** – **F5** - *9 Advocates Close - ✆ (0131) 225 4465 - devilsadvocateedinburgh.*

*co.uk - 12h-23h.* Ce bar-restaurant est aménagé dans une ancienne station de pompage cachée à deux pas du Royal Mile, le long d'un escalier vertigineux. Le décor, aussi tendance que chaleureux, rappelle son passé industriel. La carte des boissons, très fournie, propose d'excellents cocktails, des bières locales, des vins du monde et, surtout, 300 whiskies *(dégustation : 22/26 £ les 5 drams de 25 ml)*. Des plats typiquement écossais, mais modernisés, peuvent accompagner votre choix.

## Holyrood

### En soirée

**The Sheep Heid Inn** – **Hors plan par H7** - *43-45 The Causeway - ✆ (0131) 661 7974 - www.thesheepheidedinburgh.co.uk - 12h-22h30, vend.-sam. 12h-22h.* Le plus vieux pub d'Écosse (1360 !) a un charme irrésistible, qu'il doit autant à son atmosphère chaleureuse qu'à sa situation dans le minuscule village de Duddingston, au pied de Arthur's Seat. Une halte recommandable après une balade dans Holyrood Park, pour déguster une *ale* ou un plat maison à base de produits frais (réserv. conseillée). Le bowling date de 1820 !



## Au sud du Royal Mile

**Plan de quartier pp. 14-15 et plan détachable**

### Dans la journée

**24 The Royal Dick Bar** – **G8** - *1 Summerhall Pl. - ✆ (0131) 560 15 72 - www.summerhall.co.uk - 14h-22h.* Adossé à un pôle culturel installé dans l'ancienne école vétérinaire, ce café-restaurant excentré vaut le détour pour sa clientèle *arty* et son ambiance sympa. Bonnes bières pression et grand choix de gin (distillerie installée sur place ; *3,60 £ les 25 ml*), cuisine de pub, terrasse aux beaux jours.

### En soirée

**4 The Castle Arms** – **E5** - *6 Johnston Terrace - ✆ (0131) 225 7432 - www.thecastlearmsbistro.co.uk - 9h-0h*
La large sélection de bières fait de l'endroit une valeur sûre. Sa terrasse, coincée dans un passage étroit en surplomb de la très vivante Victoria Street, est incontournable par beau temps. Plats traditionnels : *Yorkshire pudding*, *pie* maison, *haggis, neeps and tatties*.

**5 Bow Bar** – **E5** - *80 West Bow - ✆ (0131) 226 7667 - FB : thecastlearmsbistro - 12h-0h, lun.-mar. 12h-22h.* Au pied des hauts bâtiments accolés à la colline du château, un minuscule pub charmant, blotti dans une rue qui l'est tout autant. Un lieu certes touristique mais agréable pour boire une bière ou un verre de vin. Ambiance décontractée.

**7 Dragonfly** – **E6** - *52 West Port - ✆ (0131) 228 4543 - www.dragonflycocktailbar.com - 16h-0h, vend.-sam. 14h-0h, dim. 16h-23h - fermé lun.-merc.* Le bar à cocktails (bon marché) ultrabranché d'Édimbourg. Les noms des boissons rivalisent d'imagination : Espresso A-Go-Go, Joe Le Taxi, Don't Call Me Chicken... Si vous cherchez un bar tendance, vous l'avez trouvé.

**8 The White Hart Inn** – **E6** - *34 Grassmarket - ✆ (0131) 226 2806 -*

*www.belhavenpubs.co.uk - 11h-0h, vend.-sam. 11h-1h..* L'établissement actuel date de 1740 mais les murs de cette auberge, une des plus anciennes d'Édimbourg, remontent à 1516. Sous les chopes en étain qui pendent aux poutres de la petite salle, habitués et touristes sympathisent autour d'un verre de whisky (80 variétés). Pour vous aider à choisir, les barmaids font sentir les bouchons. Musique *live* chaque soir à partir de 21h.

9 **Greyfriars Bobby** - **F6** - *30-34 Candlemaker Row - ✆ (0131) 225 8328 - www.nicholsonspubs.co.uk - 12h-23h, vend.-sam. 12h-0h.* Adossé au cimetière de Greyfriars, ce pub fait face à la statue du chien le plus célèbre d'Édimbourg *(voir p. 40)*, auquel il a emprunté son nom, et contemple le National Museum of Scotland. Joli décor tout en boiseries, délicieux *haggis* et bon choix de bières à la pression.

11 **Pear Tree Beer Garden** - **F7** - *38 West Nicolson St. - ✆ (0131) 667 7533 - www.peartreeedinburgh.co.uk - 12h-22h.* Les étudiants aiment s'attabler dans la cour pavée de cet ancien entrepôt de whisky, à l'ombre de sa façade du 18e s. couverte de végétation et protégée de la rue par des murs de brique. En hiver, les canapés en cuir, face à la cheminée, sont très appréciés... Passée la fin de journée, les soirées y sont endiablées !

12 **Cloisters Bar** - **D7** - *26 Brougham St. - ✆ (0131) 221 9997 - www.cloistersbar.com - 12h-0h, vend.-sam. 12h-1h, dim. 12h30-0h.* À la limite du West End, l'endroit est connu pour son excellente sélection de bières et d'*ales* (bières à haute fermentation) dont il propose au moins neuf variétés différentes. C'est simple, ici la bière est reine !

28 **Cowgate BrewDog** - **F5** - *145 Cowgate - ✆ (0131) 220 6517 - www.brewdog.com - 12h-1h.* Les amateurs de bière trouveront forcément leur bonheur dans ce pub moderne au beau décor bois-métal-brique. On y propose 15 breuvages au fût : la production maison, et des bières artisanales régulièrement renouvelées.

38 **56th North** - **F7** - *2 West Crosscauseway - ✆ (0131) 662 8860 - www.fiftysixnorth.co.uk - 12h-22h (0h vend.-sam.).* À deux pas de la fac, un bar à gin – le tout premier d'Édimbourg (2008) – où l'on pourra tester, dans une ambiance chaleureuse, le produit phare de la maison *(South Loch Gin, 4,50 £)* mais aussi, parmi 4 pages de gins écossais, le *Botanist* d'Islay, le *Caorunn* du Speyside ou le plus corsé *Kirkjuvagr* des Orcades. Petite carte d'en-cas. *Slàinte* (« santé ! »), comme on dit en Écosse.

## New Town

**Plan de quartier pp. 56-57**

### Dans la journée

3 **Joseph Pearce's** - **G2** - *23 Elm Row - ✆ (0131) 556 41 40 - www.bodabar.com - 14h-22h, w.-end 12h-0h.* On se verrait bien passer la journée à bouquiner dans les profonds fauteuils de ce pub cosy, accueillant avec les enfants, tenu par des Suédois, qui savent décidément y faire question confort. Attention, l'adresse se réveille en soirée, devenant alors le QG des noctambules.

**16 Café Royal** – **F4** - *19 West Register St. - ✆ (0131) 556 1884 - www.caferoyaledinburgh.com - 12h-22h, vend.-sam. 11h-22h.* Cet établissement caché dans une ruelle derrière Princes St. est un « monument » à part entière. Il a conservé des décors fin de siècle somptueux et attire depuis toujours la scène littéraire édimbourgeoise. On peut y boire un verre ou y déguster des plateaux de fruits de mer.

**29 Leo's Beanery** – **D3** - *23a Howe St. - ✆ (0131) 556 8403 - www.leosbeanery.co.uk - 9h30-15h30, w.-end 9h30-16h.* Dans un *basement flat* prolongé de quelques tables en terrasse, entre New Town et Stockbridge, cette adresse séduit d'emblée avec son mobilier, son accueil chaleureux et bien sûr, son menu de qualité. Cafés et thés délicieux, douceurs irrésistibles (*scone* du jour souvent original) et, côté salé, des salades et sandwichs parfaits pour un lunch léger. Le petit-déjeuner, varié, est conseillé.



## En soirée

**13 Abbotsford** – **E4** - *3-5 Rose St. - ✆ (0131) 225 5276 - theabbotsford.com - 12h-23h.* Difficile de choisir un pub parmi tous ceux de Rose St. L'Abbotsford est célèbre pour ses bières, ses vins et ses whiskies, mais aussi pour son architecture du tout début du 20e s., son *island bar* (bar au centre de la salle) et son restaurant *above* (à l'étage).

**30 Oxford Bar** – **D4** - *8 Young St. - ✆ (0131) 539 7119 - www.oxfordbar.co.uk - 12h-23h, vend.-sam. 11h-0h, dim. 12h30-23h.* Amateurs des polars de Ian Rankin, vous allez ici découvrir le « bureau » de l'inspecteur Rebus. Pub de poche, classique et authentique où se croise dans une ambiance chaleureuse une foule éclectique d'habitués.

**14 Guildford Arms** – **F4** - *1-5 West Register St. - ✆ (0131) 556 4312 - guildfordarms.com - 11h-22h.* Caché dans une petite rue à deux pas de Princes St., ce pub historique date de 1898. Le magnifique plafond victorien, les tons chaleureux de sa déco et sa mezzanine en font l'un des plus charmants établissements de la ville. Possibilité de se restaurer *(plats traditionnels à partir de 10 £)* : steak Angus, *haggis*, etc.

**17 The Dome** – **E4** - *14 George St. - ✆ (0131) 624 8624 - www.thedomeedinburgh.com - The Grill Room : à partir de 12h ; The Club Room : à partir de 16h.* L'ancienne banque de George St. abrite sous sa gigantesque verrière deux des bars les plus huppés de la ville *(Grill Room et Club Room).* La façade soutenue par de grandes colonnes néo-antiques annonce la couleur. Tenue correcte de rigueur.

**18 The Barony** – **F3** - *81-85 Broughton St. - ✆ (0131) 558 2874 - www.thebarony.co.uk - 11h-1h.* Cette rue branchée de l'est de la Nouvelle Ville abrite son pub traditionnel. On savoure une bonne bière dans une ambiance *so scottish,* avec boiseries sombres et chaleureuses pour décor, et feu de bois ou de charbon l'hiver. Musique *live* le dimanche.

**19 Cumberland Bar** – **E2** - *1-3 Cumberland St. - ✆ (0131) 558 3134 - www.cumberlandbar.co.uk - 15h-21h, w.-end 12h-21h.* L'un des pubs avec jardin les plus agréables de la ville. Terrasse verdoyante en contrebas d'une rue dominée par un imposant saule. Ce pub prisé pour ses bières et ses whiskies est géré par les propriétaires de l'*Abbotsford* et du *Guildford Arms* (*voir ci-contre*).

36 **The Scotch Malt Whisky Society** – **E4** - *28 Queen St. - (0131) 220 2044 - www.smws.com - 16h30h-23h, vend.-sam. 12h-23h - fermé dim.-lun.* Ce club privé ouvre les portes du Kaleidoscope Whisky Bar *(au rez-de-chaussée)* aux amateurs désireux de parfaire leurs connaissances en découvrant plus de 200 crus issus de différentes distilleries écossaises *(dégustations : 25/32/54 £)*. Mêlez-vous aux Édimbourgeois qui se donnent rendez-vous ici après le travail pour savourer un whisky entre amis. Le restaurant *The Dining Room (1er étage - tlj sf dim. et lun. 12h-14h30, 17h-22h)* propose des plats concoctés avec des produits frais et de saison.

## West End

**Plan détachable**

### Dans la journée

22 **The Green Room** – **C5** - *19-25 William St. - (0131) 225 1358 - www.thegreenroomedinburgh.co.uk - 16h-22h, vend.-sam. 16h-0h - fermé dim.-lun.* Un joli pub traditionnel avec quelques chaises sur le perron lorsque le soleil est de la partie. Idéal pour une pause au cours d'un après-midi shopping dans le quartier chic de William Street.

### En soirée

20 **The Golf Tavern** – **D8** - *30-31 Wrights Houses - (0131) 221 5221 - golftavern.co.uk - 11h-22h, vend. 11h-1h, sam. 10h-1h, dim. 10h-23h.* Si la maison affiche fièrement 1456, elle est surtout connue pour border le Brunstfield Links, l'un des rares terrains de golf publics *(avr.-sept.)* du pays. On y loue des clubs pour une somme modique, boisson incluse. Le week-end, le pub sert un *Full scottish breakfast* de 10h à 14h, à 9 £. En semaine, formule dîner à 13,95 £ (2 plats). Des soirées à thème sont programmées : cinéma, quizz, musique live...

23 **Ghillie-Dhu** – **D5** - *2 Rutland Pl. - (0131) 222 9930 - ghillie-dhu.co.uk - 10h-3h.* Privilégiez le vendredi ou le samedi soir pour découvrir cette ancienne église relookée, auparavant reconvertie en casino. Ces soirs-là *(ceilidh)*, les danses traditionnelles écossaises y sont à l'honneur et l'on peut s'essayer aux *jigs* et *reels* dans la grande salle du haut, à partir de 21h30. En semaine *(à partir de 22h, dim.-mar. à partir de 19h)*, musique *live* écossaise au bar, registre folk ou contemporain.

39 **Heads & Tales** – **D5** - *1a Rutland Pl. - (0131) 656 2811 - headsandtalesbar.com - mar.-dim. 17h-1h (3h vend.-sam.).* Le berceau de la jeune distillerie Edinburgh Gin (2010) est un bel endroit en sous-sol, bas de plafond mais très relaxant, où l'on peut siroter, à deux pas des alambics, une large palette de gins maison *(3,50/5,25 £)* et de cocktails à base de gin tout en partageant une assiette de poissons fumés, fromages ou charcuterie. Possibilité de dégustation *(20 £ les trois gins)*.

## Stockbridge

**Plan de quartier** **pp. 56-57**

### En soirée

21 **Hector's** – **C2** - *47-49 Deanhaugh St. - (0131) 343 1735 - www.hectorsstockbridge.co.uk - 12h-23h, sam. 10h-23h, dim. 10h-22h30.* Dans le quartier bobo de Stockbridge, ce pub est le point de ralliement incontournable de la faune branchée du quartier. Intérieur en acajou, grande baie vitrée et large trottoir pour siroter sa bière dehors. Brunch le samedi et soirée DJ chaque semaine. Le pub sert des plats traditionnels : morue à l'estragon panée, burgers, gnocchis aux champignons.

## Leith



**Plan de quartier** **p. 75**

### Dans la journée

40 **Roseleaf Bar Café** – *23-24 Sandport Pl. - (0131) 476 52688 - www.roseleaf.co.uk - 10h-1h.* Dans un décor fleuri (où des artistes exposent parfois) et au milieu de meubles d'une autre époque, on y déguste un thé ou l'une des bières au fût (accompagnée d'un petit plat typique). Un pub-salon de thé à l'atmosphère unique et *so scottish* !

37 **Teuchters Landing** – *1c Dock Pl. - (0131) 554 7427 - www.teuchtersbar.co.uk - 12h-21h.* Un bar sympa que l'on recommande moins pour ses *fish & chips* que pour sa terrasse façon guinguette donnant sur un petit canal et son large choix de bières et de single malts. Il occupe l'ancienne salle d'attente du vapeur Aberdeen-Leith, d'où son nom : « le débarcadère des *teuchters* » (terme désobligeant qu'utilisaient les Scots des Basses-Terres pour désigner les gaélophones des Highlands).

### En soirée

**Nauticus Bar** – **Hors plan** - *142 Duke St. - (0131) 629 9055 - www.nauticusbar.co.uk - 15h-0h/1h, fermé lun.* Un magnifique pub, récemment rouvert et rénové dans la plus pure tradition des pubs écossais. Vous pouvez par exemple y commander un *half-and-half* : une bière, accompagnée d'un petit whisky ! La décoration est absolument parfaite, et une grande attention est apportée à la provenance des produits.

## Environs d'Édimbourg

### Dans la journée et en soirée

**Hawes Inn** – **Hors plan p. 83** - *7 Newhalls Rd - South Queensferry - (0131) 331 1990 - www.vintageinn.co.uk - 12h-23h, dim. 12h-22h30.* Pub « historique » de South Queensferry, aménagé à proximité de l'un des piliers du plus vieux et plus beau des trois ponts enjambant le Forth. Le décor a été sérieusement modernisé avec force bois, pierre et, bien sûr, tartans. On peut aussi y loger et y manger (la carte fait la part belle aux produits de la mer).

# Shopping

## Les quartiers

À voir les foules qui l'arpentent, **Princes Street** est bien la principale rue commerçante de la capitale : on y trouve la plupart des grands magasins à succursales comme *John Lewis* (St James Shopping Centre), *Debenham's* ou le vénérable et luxueux *Jenners* (au 48). Vous pourrez vous procurer guides et cartes à la librairie *Waterstones* en face de la gare de Waverley (au 128 ou au 83 George Street). Parallèlement à Princes Street, **Rose Street** et **George Street** sont bordées de boutiques de mode chic.

**Broughton Street** dans New Town et **William Street** dans les quartiers ouest (West End), sont désormais les rues préférées des boutiques chics et des créateurs indépendants.

Dans la Vieille Ville, et notamment les quartiers de Royal Mile, **Victoria Street** et **Grassmarket**, vous trouverez de nombreuses boutiques de souvenirs, de vêtements et textiles d'inspiration écossaise (kilts et tartans) mais aussi friperies et bouquinistes. **Cockburn Street** est aussi prisée de la jeunesse locale pour ses petites boutiques de mode, de musique... Si vous souhaitez acheter du whisky, saumon fumé, galettes d'avoine, petits sablés, *Dundee cake*, harengs fumés *(kippers)*, *haggis* et fromages, rendez-vous dans le **Royal Mile** et dans **Victoria Street**.

Proche de la gare de Waverley, sur **East Market Street**, d'anciens entrepôts rénovés abritent **The Arches**, soit une quinzaine de boutiques, pubs et restaurants dans l'air du temps.

Attention ! Les magasins ferment souvent assez tôt le samedi après-midi. En revanche, un certain nombre d'entre eux sont ouverts le dimanche.

**Repérez les adresses sur nos plans grâce aux pastilles numérotées (ex. 1). Les coordonnées en rouge (ex. C2) font référence au plan détachable (à l'intérieur de la couverture).**



## Royal Mile

**Plan de quartier pp. 14-15**

### Kilts et tartans

25 **Hector Russel** – **F5** - *137-141 High St. - ✆ (0131) 558 1254 - www.hector-russell.com - se rens.* L'un des grands noms dans le domaine des kilts et tartans. Onéreux mais de qualité. Vend aussi des accessoires et des souvenirs.

### Mode, accessoires

2 **Ragamuffin** – **G5** - *278 Canongate - ✆ (0131) 557 6007 - www.ragamuffinstore.com - 12h-17h.*
Des vêtements en laine issus d'ateliers de créateurs écossais. Une ligne

décontractée et rustique qui comprend aussi chemises et pantalons en lin et coton. Essentiellement féminin.

5 **Scottish Textile Showcase** – **G5** - *20 St Mary's St. - ✆ (0131) 558 3881 - www.scottishtextilesshowcase.com - lun.-sam. 10h-17h30.* Une boutique de textiles écossais pas comme les autres, où tous les produits sont fabriqués en Écosse. Budget un peu plus élevé, mais la qualité est vraiment au rendez-vous. Visite indispendable pour comprendre qu'il n'y a pas que le tartan en Écosse.

### Artisanat

22 **Kilberry Bagpipes** – **F5** - *27 St Mary's St. - ✆ (0131) 556 9607 - www.kilberrybagpipes.com - lun.-sam. 9h30-17h.* L'un des rares ateliers de fabrication de cornemuses. D'un côté, l'espace où travaillent les artisans, de l'autre la boutique. Très instructif, même si vous ne vous lancez pas dans une carrière musicale ! Très bien si vous cherchez des CD spécialisés.



### Saveurs, alcools

1 **Royal Mile Whiskies** – **F5** - *379 High St. - ✆ (0131) 225 3383 - www.royalmilewhiskies.com - 9h-17h30 - fermé w.-end.* Si vous n'avez pas eu le temps de visiter les distilleries légendaires de whisky, cette boutique spécialisée vous permettra un rapide tour d'horizon. Au choix, plus de 1000 variétés !

41 **The Fudge House** – **G5** - *197 Canongate - ✆ (0131) 556 4172 - fudgehouse.co.uk - 11h-16h30, sam. 10h-15h - fermé dim.* En 1947, deux frères italiens se lancent dans la confection d'irrésistibles *fudges* (caramels). Dans cette boutique aujourd'hui très courue, vous trouverez une trentaine de spécialités, classiques ou étonnantes *(Highland Cream, Lemon Pie...).*

## Au sud du Royal Mile

**Plan de quartier** **pp. 14-15**

### Antiquités

11 **Still Life** – **E6** - *54 Candlemaker Row - ✆ (0131) 225 8524 - www.desirabilia.com - 12h30-17h - fermé dim.* Une boutique d'antiquaire minuscule et encombrée. Les amateurs de livres d'arts anciens, de peinture, de vaisselle en porcelaine et de bibelots y trouveront leur bonheur.

### Fripes et vêtements vintage

12 **Armstrongs** – **E6** - *83 The Grassmarket - ✆ (0131) 220 5557 - www.armstrongsvintage.co.uk - 10h-17h30, vend.-sam. 10h-18h, dim. 12h-18h.* Le temple local du vintage et du rétro. Trois salles remplies de vêtements et d'accessoires, un choix démentiel qui se décline aussi dans les deux autres boutiques de l'enseigne au 14 Teviot Pl. et, plus au sud, au 64-66 Clerck St.

### Livres, design

4 **Edinburgh Books** – **D6** - *145-147 West Port - ✆ (0131) 229 4431 - edinburghbooks.net -10h-18h - fermé dim.* Ce formidable bouquiniste propose une grande sélection de livres dans trois salles remplies d'étagères dont l'une est entièrement consacrée à l'Écosse et à la littérature écossaise. -10 % pour les étudiants.

Chapellerie Fabhatrix à Grassmarket.
A. Wilson/Alamy/hemis.fr

HOLLYWOOD
RAPID DRY Curlers

**23 Armchair Books** – **E6** - *72-74 West Port - ✆ (0131) 229 5927 - www.armchairbooks.co.uk - 10h-18h30.* Une librairie d'ouvrages d'occasion, qui donne l'impression de pénétrer dans un labyrinthe de papier. Rassurez-vous : il y a un certain ordre dans ce chaos littéraire !

### Mode, accessoires

**6 Totty Rocks** – **D8** - *45-47 Barclay Pl. - ✆ (0131) 229 0474 - www.tottyrocks.com - 11h-17h - fermé w.-end.* Monté par deux stylistes écossaises, Lynsey Miller et Holly Campbell, Totty Rocks propose des vêtements pour femme qui se veulent « classiques et intemporels », mais surtout uniques et inspirés. Fabrication écossaise garantie.



**7 Fabhatrix** – **E6** - *13 Cowgatehead - ✆ (0131) 225 9222 - www.fabhatrix.com - 10h30-18h, sam. 10h30-17h30, dim. 12h-17h.* Créateur et vendeur de chapeaux. Si le choix de casquettes est limité pour les hommes, fantaisie et inventivité sont de mise dans les couleurs et les formes des modèles dédiés aux femmes.

**9 Walker Slater** – **E5** - *16-20 Victoria St. - ✆ (0131) 220 9750 - www.walkerslater.com - 11h-18h.* Des vêtements pour homme dans des coupes classiques et raffinées. Les trois salles en enfilade présentent tweed, lins, cotons et mackintosh. Coupes très *gentleman farmer* mais urbaines également. Désormais, une boutique pour femmes au 46 de la même rue (*✆ 0131 225 4257 - mêmes horaires*).

**10 Godiva** – **E6** - *9 West Port - ✆ (0131) 221 9212 - godivaboutique.co.uk - 10h30-18h, dim. 11h30-17h - fermé mar.-merc.* Cette boutique de mode indépendante propose vêtements et accessoires vintage et créations de designers locaux. Les curieux, avec un peu de persuasion, auront peut-être la permission de jeter un coup d'œil à l'atelier de création au sous-sol.

**3 Hawico** – **E6** - *71/81 Grassmarket - ✆ (0131) 225 8634 - hawico.com - vend.-lun. 11h-16h.* Cette entreprise familiale réputée depuis 1874 pour la qualité de ses lainages tricotés à Hawick (dans le sud de l'Écosse) vend ici des pulls haut de gamme, classiques ou modernes, pour hommes et femmes.

### Saveurs, alcools

**27 Edinburgh Farmers' Market** – **D5** - *Castle Terrace - ✆ (0131) 220 8580 - www.edinburghfarmersmarket.co.uk - sam. 9h-14h.* Ce beau marché rassemble des producteurs locaux sur Castle Terrace (au sud-est du château). Le lieu idéal pour faire le plein de confitures, de poissons fumés et de bières artisanales.

## Princes Street

**Plan de quartier pp. 56-57**

### Artisanat

**13 One World Shop** – **D5** - *25 Nicolson Square - St. Johns Church - ✆ (0131) 667 8323 - www.oneworldshop.co.uk - 10h-17h30 - fermé dim.* Situé dans une annexe de l'église St John, ce magasin offre une sélection de produits issus du commerce équitable. Café et chocolat ainsi que vêtements et bijoux. Petit rayon librairie spécialisé dans l'éthique et l'écologie.

### Grand magasin

**42 Jenners** – **E4** - *48 Princes St. - ✆ (0344) 800 3725 - www.houseoffraser.co.uk - 10h-18h.* Bien que repris par la chaîne House of Fraser, le Jenners fondé en 1838 demeure LE grand magasin écossais. On trouvera dans cette institution surnommée le « Harrods du nord » des produits variés et de qualité.

## New Town

**Plan de quartier** **pp. 56-57**

### Artisanat

**14 Treasure Trove** – **D4** - *23A Castle St. - Midlothian - ✆ (0131) 220 1187 - www.selfaidsociety.co.uk - 10h-16h - fermé dim.* La Royal Edinburgh Repository and Self Aid Society, société caritative créée en 1882, redistribue intégralement les bénéfices de cette boutique aux ouvriers qui ont confectionné les produits ici vendus. Tout est donc fait main ! Vous y trouverez lainages, jouets et cadeaux évoquant souvent l'époque de l'ancien empire britannique.

### Antiquités

**15 Unicorn Antiques** – **E3** - *65 Dundas St. - ✆ (0131) 556 7176 - unicornantiques.co.uk - 12h-16h - fermé dim.* Formidable bric-à-brac dans les sous-sols d'une maison de cette avenue très chic. Parmi les antiquités, on trouve pas mal de bibelots et d'objets tels que des plaques de serrures et des boutons de portes, des verres à alcool de toutes formes et tailles. Au sous-sol, objets plus volumineux comme de beaux meubles ou des éléments de déco.

### Déco et design

**28 Anta** – **D4** - *119 George St. - ✆ (0186) 283 2477 - www.anta.co.uk - 10h-18h, dim. 10h-17h.* Depuis vingt-cinq ans, Anta crée du mobilier, des tapis et nombre de petits objets déco et accessoires (bagages, textiles) qui peuvent constituer de jolis souvenirs (mugs, bougies...). Tout est *made in Scotland* et rend hommage aux motifs et matériaux traditionnels.

### Mode, accessoires

**17 Joey D** – **F2** - *54 Broughton St. - ✆ (0131) 557 6672 - 10h30-18h.* La boutique-atelier du créateur le plus déjanté d'Édimbourg. Ses marottes : vestes composées de deux moitiés dépareillées et vêtements à l'esprit un rien militaire (kaki, bandes de cartouches). Chaussures et sacs aussi en vente.

**19 Barbour** – **E4** - *21 Frederick St. - ✆ (0131) 225 1681 - www.barbour.com - 9h30-18h, jeu-sam. 9h30-18h30, dim. 11h-17h.* La boutique de l'incontournable marque, célèbre pour ses vêtements chauds et ses vestes en coton ciré. Autres points de vente : John Lewis, Leith Street ; Marchbrae, 375 High St.

**30 ALC** – **E4** - *61 Thistle St. - ✆ (0131) 226 2317 - alceshop.com - 10h30-16h30 - fermé mar. et dim.* Madame, Mademoiselle, vous recherchez le jean parfait ? Cette boutique est pour vous. Sont sélectionnées ici les plus grandes marques et les dernières innovations en la matière. À accompagner bien sûr d'accessoires variés.

**16 Dick's** – **D3** - *North West Circus Pl. - ✆ (0131) 226 6220 - dicks-edinburgh.co.uk - 11h-18h, dim. 12h-17h.*

Pour hommes et femmes, une très agréable boutique de vêtements soigneusement choisis. Mention spéciale pour les cardigans Jamieson's, les tricots d'Inis Meáin et les jumpers des Shetlands.

### Saveurs

20 **Eteaket** – **D4** - *41 Frederick St. - ✆ (0131) 226 2982 - www.eteaket.co.uk - 11h-16h.* Impossible de manquer la devanture bleu turquoise de ce café-salon de thé à la mode où l'on peut manger sur le pouce, prendre un verre, et surtout boire un thé. Noir, blanc, vert, oolong ou rooibos, la carte en dénombre plus d'une trentaine, répartis en trois catégories : incontournables, sélectionnés et raretés. Ils sont vendus au comptoir en sachets de 50 g ou 125 g. L'occasion de s'initier sérieusement à cette boisson nationale.



### Sport

21 **Tiso** – **D4** - *123-125 Rose St. - ✆ (0131) 225 9486 - www.tiso.com - 9h30-17h30, merc. 10h-17h30, jeu. 9h30-19h30, dim. 11h-17h.* Équipements et matériel pour la randonnée, l'escalade et les activités en plein air. Cette chaîne de magasins possède d'autres adresses en Écosse mais c'est à Édimbourg (et à Glasgow) que vous trouverez le plus grand choix d'équipements.

## West End

**Plan détachable**

### Saveurs

**The Maytree** – **Hors plan par D8** - *123 Bruntsfield Pl. - ✆ (0131) 228 3144 - maytreeshop.co.uk - 9h30-18h30, vend. 9h-19h, sam. 10h-18h30.* Cette boutique-salon de thé chaleureuse décline le chocolat à l'infini : tablettes, boissons, bouchées, gâteaux... Bio, il provient de Madagascar, d'Ouganda, de Tanzanie, du Venezuela. Saveurs puissantes ou subtiles au rendez-vous !

## Stockbridge

**Plan de quartier** **pp. 56-57**

### Saveurs

32 **I.J. Mellis Cheesemongers Stockbridge** – **D3** - *6 Bakers Pl. - ✆ (0131) 225 6566 - mellischeese.net - 9h-19h, vend. 9h-20h, dim. 10h-17h30.* Créée en 1993, cette enseigne bien connue des amateurs de fromage (six boutiques à travers l'Écosse) propose le meilleur de la production locale et européenne.

33 **Stockbridge Market** – **D3** - *1 Saunders St. - ✆ (0131) 261 6181 - www.stockbridgemarket.com - dim. 10h-16h.* Petit marché de quartier dont les produits bio attirent une clientèle exigeante.

### Mode, accessoires

31 **Those Were the Days Vintage** – **D3** - *26 St Stephen St. - ✆ (0131) 225 4400 - www.thosewerethedaysvintage.com - sur RV - fermé dim.-lun.* Boutique de mode vintage du quartier de Stockbridge, spécialisée dans les vêtements et accessoires de grandes marques avec une préférence pour les années 1930-1980.

pawel.gaul/Getty Images Plus



Victoria Street.

## Leith

**Plan de quartier** **p. 75**

### Centre commercial

**34 Ocean Terminal** – *Ocean Drive - ✆ (0131) 555 8888 - www.oceanterminal.com - 10h-20h, sam. 10h-19h, dim. 11h-18h.* Vaste centre commercial donnant sur le Firth of Forth et le yacht royal *Britannia*. S'y côtoient toutes les boutiques attendues, des restaurants et des équipements de loisirs.

### Kilts et tartans

**43 Kinloch Anderson** – *4 Dock St. - ✆ (0131) 555 1390 - kinlochanderson.com - lun.-sam. 9h-17h30.* Le temple du kilt sur mesure depuis 1868 ! En rayon, de belles vestes, des motifs modernes à tomber (le Heather Tartan) et tous les accessoires ad hoc : ils ont même le masque en tartan lavable...

### Marché

**44 Leith Market** – *Dock Pl. - ✆ (0131) 261 6181 - stockbridgemarket.com - sam. 10h-17h.* Fermier de Peelham, pêcheur de Kirkcudbright : ils sont une trentaine de petits producteurs écossais à se retrouver à Leith pour un marché bio et bon enfant (et végan le premier sam. du mois).

# Sortir

Édimbourg, la ville des festivals, possède de nombreuses salles dédiées aux spectacles vivants, du grand théâtre victorien aux complexes ultra modernes en passant par les scènes avant-gardistes.

## Musique en tout genre...

Même si Édimbourg n'est pas Glasgow, vous trouverez beaucoup d'endroits où écouter du jazz, de la musique traditionnelle celtique ou du pop-rock et danser jusqu'à l'aube dans des night-clubs. De nombreux pubs proposent également des soirées musicales. *Voir « Prendre un verre » p. 100.*

## Théâtres, opéras, concerts...

Côté pièces de théâtre et spectacles, Édimbourg est d'un dynamisme surprenant et n'a rien à envier aux autres grandes capitales.

## Côté sport : ballon ovale...



Édimbourg vibre aussi au rythme des matchs de **rugby** de l'équipe nationale et de son club principal.

**Stade de Murrayfield** – *Accès : tramway, arrêt Murrayfield Stadium - ✆ (0131) 346 5106 - scottishrugby.org - ♿ - visites guidées lun.-sam. à 11h et à 14h30 (1h30) - réserv. obligatoire sur : www.eticketing.co.uk/scottishrugby - 12 £ (-18 ans 7 £).* Édifié en 1925, ce stade mythique de près de 68 000 places accueille les matchs du tournoi des Six Nations (fév., mars) ainsi que les tournées des équipes de l'hémisphère sud.

À voir aussi, les matchs de la Celtic League et de la Coupe d'Europe joués par le club local, les Rouge et Noir d'**Edinburgh Rugby** – *✆ (0131) 346 5180 - www.edinburghrugby.org.* Tickets à acheter en ligne ou au *Scottish Rugby Ticket Centre* du stade de Murrayfield, Gate A, Roseburn St. (*lun.-vend. 10h-17h, horaires étendus les jours de match*).

## ... et ballon rond

Si Glasgow est indéniablement la capitale écossaise du **football** – stade national, clubs légendaires –, Édimbourg se passionne aussi pour le ballon rond à travers ses deux principaux clubs. Le **Heart of Midlothian FC** (*✆ (0333) 043 1874 - www.heartsfc.co.uk*) évolue en maillot grenat dans le Tynecastle Stadium, quartier de Gorgie. Fondé par des immigrants catholiques irlandais, le **Hibernian FC** (*✆ 0131 661 2159 - www.hibernianfc.co.uk*) joue, lui, en vert au stade d'Easter Road. Les derbies entre les deux équipes et, bien sûr, la venue des clubs de Glasgow (Celtics, Rangers) constituent les matchs phares de l'année.

## S'informer et réserver

Vous trouverez les programmes des concerts et des spectacles dans le dépliant mensuel gratuit *Gig Guide (www.gigguide.co.uk)* et dans la revue gratuite *What's on*. Incontournable, le magazine *The List* recense et chronique les spectacles *(www.list.co.uk)*. Vous trouverez aussi articles et agenda dans la revue *The Skinny* (*www.theskinny.co.uk*).

*« Agenda culturel » p. 136.*

**Repérez les adresses sur nos plans grâce aux pastilles numérotées (ex. 1). Les coordonnées en rouge (ex. C2) font référence au plan détachable (à l'intérieur de la couverture).**

## Au sud du Royal Mile

**Plan de quartier pp. 14-15**

1 **St Cecilia's Hall** – **F5** - *50 Niddry St. - (0131) 650 2600 - www.stcecilias.ed.ac.uk.* Dans cet auditorium de 1763, propriété de l'université d'Édimbourg et rénové en 2016, vous aurez peut-être la chance, assez unique, de pouvoir assister à un concert de musique du 18e s. sur des instruments de l'époque : les interprètes puisent dans les collections du petit musée attenant (*voir p. 44*).

11 **Summerhall** – **G8** - *1 Summerhall Pl. - (0131) 560 15 72 - www.summerhall.co.uk - se rens.* L'ancienne école vétérinaire d'Édimbourg s'est muée en centre artistique multiculturel, où les expositions, concerts, happenings et spectacles flirtent avec une certaine avant-garde. Deux temps forts : le festival Fringe et l'Edinburgh International Science Festival (*voir p. 136*).

6 **Festival Theatre** – **F6** - *13-29 Nicolson St. - (0131) 529 6000 - www.capitaltheatres.com - 10h-18h - fermé dim.* La grande salle moderne du Festival, ballets et opéras. 1900 places.

7 **The Jazz Bar** – **F5** - *1a Chambers. St. - (0131) 220 4298 - www.thejazzbar.co.uk - 17h-3h, sam. 13h30-3h, dim. 14h-3h.* Jazz moderne et traditionnel, groove, musique du monde, blues... et flamenco le mercredi après-mid.

8 **Sandy Bell's** – **F6** - *25 Forrest Rd - (0131) 225 2751 - www.sandybells.co.uk - 12h-1h, dim. 12h30-0h.* Un pub incontournable pour les soirées écossaises. Musique folk tous les soirs à partir de 21h.

16 **Ballie Ballerson** – **F6** - *14 Forrest Rd - www.edinburgh.ballieballerson.com - 18h-1h sf mar. Cocktails 5 à 7 £.* Nostalgique de l'enfance ? Pourquoi ne pas sauter dans une piscine à balles... dans un bar à cocktails ! C'est l'idée de ce lieu un peu fou qu'est Ballie Ballerson. Des milliers de balles en plastique, une carte des cocktails bien fournie, une boule à facettes, un tobbogan pour adultes... Why not ?!

9 **The Royal Oak** – **F5** - *1 Infirmary St. - (0131) 557 2976 - www.royal-oak-folk.com - 13h-2h, sam. 11h30-2h.* Indie et techno. Musique traditionnelle et folk écossais dans ce pub sympathique, tous les soirs.

(10) **Cabaret Voltaire** – **F5** - *36-38 Blair St. - ✆ (0131) 247 4704 - www.thecabaretvoltaire.com - mar. et jeu.-sam. 23h-3h.* C'est le club branché de la ville. Rock indie *live* et soirées dance, house et techno sous les voûtes des souterrains de la Old Town.

(20) **Bannerman's** – **F5** - *212 Cowgate - ✆ (0131) 556 3254 - www.bannermanslive.co.uk - merc.-vend. et dim. 17h-23h30, sam. 14h30-23h15.* Dans ce dédale de salles voûtées, les fêtards en tout genre, étudiants et voyageurs de passage se pressent en une joyeuse mêlée pour boire un verre et assister aux concerts ou sessions rock, punk, indé, jazz... Un tremplin pour bien des groupes locaux.

(12) **Assembly Roxy** – **G6** - *2 Roxbury Place - ✆ (0131) 623 3030 - vend. 20h-23h (dates des prochains* ceilidh *sur edinburghceilidhclub.com).* En août, l'ancienne église Lady Glenorchy's, convertie en salle polyvalente sous le nom d'Assembly Roxy, bourdonne de spectacles. Le reste de l'année, elle accueille des *ceilidh*, de grands bals traditionnels (ceux du mardi ont lieu toutes les semaines au Summerhall). Les billets *(7 £)* s'achètent en ligne ou auprès de Tickets Scotland, 127 Rose St.



(22) **The Liquid Room** – **E5** - *9c Victoria St. - ✆ (0131) 225 2564 - www.liquidroom.com.* Ouvert en 1997, ce club souterrain est l'un des plus connus du Royaume-Uni. Groupes de rock, pop, hip-hop, house, électro, etc., s'y produisent dans des conditions son-lumières saluées. Des artistes en devenir ou déjà confirmés y sont passés : Franz Ferdinand, Black Eyed Peas, Dead Kennedys, Ice-T, MGMT, Calvin Harris (entre autres).

## New Town

**Plan de quartier** **pp. 56-57**

(13) **Jam House** – **E3** - *5 Queen St. - ✆ (0131) 220 2321 - www.thejamhouse.com/edinburgh - merc.-sam. à partir de 18h.* Un bar chic aux ambiances variées (roots, swing, indie, pop, funk, latino, fusion, RnB, jazz, blues, etc.). La salle du haut arbore une belle charpente néogothique. Tenue correcte exigée.

(14) **Lulu** – **D4** - *125b George St. - ✆ (0131) 225 5005 - www.luluedinburgh.co.uk - se rens.* Un lieu prodigieusement extravagant niché sous l'hôtel *Tigerlily*. À la fois bar et club. Déco rétro-chic un rien tape-à-l'œil (dancefloor fluo, cristal Swarovski aux murs et fauteuils en cuir) et clientèle branchée exubérante. L'endroit où il faut être vu !

(15) **Bramble** – **E4** - *16a Queen St. - ✆ (0131) 226 6343 - www.bramblebar.co.uk - 16h-1h.* Une volée de marches cachées mène au sous-sol, dans une minuscule salle au plafond bas. Ambiance lounge, velours rouge et murs bruts à la chaux dans ce bar à cocktails branché. On est accueilli par les platines du DJ qui mixe le vendredi et le samedi soir.

(17) **The Register Club** – **F4** - *42 St. Andrew Square - ✆ (0131) 230 0571 - www.theregisterclub.com - jusqu'à 22h - afternoon tea 32 £ - cocktails 8/11 £.* Au sommet de l'hôtel Edinburgh Grand, dans les anciens locaux de la Royal Bank of Scotland – d'où le raffinement du lieu –, ce bar intimiste et chaleureux est la tanière

de Ruben, mixologiste de talent. Que l'on vienne pour l'*afternoon tea* – très original, avec ses éclairs au saumon – ou pour un cocktail recherché, on est au bon endroit. Les cocktails sont pensés pour créer le moins de déchets possible, et intègrent des ingrédients originaux, tels le xérès aux champignons ou la vodka infusée maison.

23 **CC Blooms** – **F3** - *23-24 Greenside Pl. - ✆ (0131) 556 9331 - ccblooms.co.uk - 15h-3h, vend.-dim. 12h-3h.* Bar-club gay connu de longue date sur la scène locale (essentiellement centrée autour de Broughton St.).

24 **The Voodoo Room** – **F4** - *19a West Register St. - ✆ (0131) 556 7060 - www.thevoodoorooms.com - 17h-23h, jeu.-vend. 17h-1h, sam. 14h-1h - fermé dim.* Abrité dans un superbe édifice de New Town, ce lieu multifonctions (bar, restaurant, club, concerts variés) attire une clientèle assez chic avec ses cocktails et sa décoration opulente.

## West End

**Plan de quartier** **pp. 14-15**

21 **Henry's Cellar Bar** – **D6** - *16a Morrison St. - ✆ (0131) 629 2992 - www.henryscellarbar.co.uk - 17h-1h, vend.-sam. 17h-3h.* L'un des hauts lieux de la musique indépendante en Écosse. Salle de concert et bar, le Henry's s'anime chaque soir aux sons et rythmes éclectiques produits par des groupes locaux ou étrangers.

2 **Traverse Theatre** – **D6** - *10 Cambridge St. - ✆ (0131) 228 1404 - www.traverse.co.uk.* Théâtre d'avant-garde. Sur place, également un bar-restaurant.

Jon Arnold Images/hemis.fr

Le Festival Fringe sur le Royal Mile.

3 **Royal Lyceum Theatre** – **D6** - *30b Grindlay St. - ✆ (0131) 248 4848 - lyceum.org.uk.* Théâtre classique.

4 **Usher Hall** – **D6** - *Lothian Rd - ✆ (0131) 228 1155 - www.usherhall.co.uk - 10h-17h30 - fermé dim.* Le style architectural classique de cette rotonde bâtie en 1910 s'oppose au gothique victorien en vogue jusque-là. Son intérieur arbore désormais la sobriété des lignes contemporaines. Salle de concert éclectique : jazz, folk, world, rock, classique.

5 **King's Theatre** – **D7** - *2 Leven St. - ✆ (0131) 529 6000 - www.capitaltheatres.com - 10h-19h30 - fermé dim.* Répertoire et productions populaires.

# Se loger

À Édimbourg, si l'on est rarement déçu par les prestations, les tarifs s'avèrent souvent… très élevés. En été et lors des festivals et des grands matchs de rugby, il est fortement recommandé de réserver votre hébergement longtemps à l'avance. Attention, les prix flambent en août et en septembre ! N'hésitez pas à consulter les offres en ligne des **hôtels** ou à choisir des **guest houses**. À mi-chemin entre la chambre d'hôte et la pension de famille, ces dernières se concentrent en périphérie du centre-ville. Autre option économique, durant les vacances scolaires, les **cités universitaires** louent les chambres laissées vacantes par les étudiants, certaines proches du centre historique.

Si vous préférez résider dans un **appartement**, voyez les sites www.the-edinburgh-apartment.com ou fountaincourtapartments.com.

**Repérez les adresses sur nos plans grâce aux pastilles numérotées (ex. 1). Les coordonnées en rouge (ex. C2) ont référence au plan détachable (à l'intérieur de la couverture). Nos tarifs correspondent au prix minimal d'une chambre double en haute saison.**



## Royal Mile

**Plan de quartier** **pp. 14-15**

### De 110 à 150 £

1 **Ibis Edinburgh Centre Royal Mile** – **F5** - *6 Hunter Sq. - (0131) 603 9990 - ibis.accor.com - - payant - - 99 ch. à partir de 120 £.* Les prix sont raisonnables vu la situation au cœur du Royal Mile, dans Old Town. Accueil professionnel et chaleureux. Autre hôtel de la chaîne en centre-ville : le fort bien situé **Ibis Styles Edinburgh St Andrew Square** (32 **E4** - *19 St Andrew Sq. - (0131) 292 0200 - ibis.accor.com - - payant - 103 ch. à partir de 140 £).*

3 **Aparthotel Adagio Edinburgh Royal Mile** – **G5** - *231 Canongate - (0131) 322 8299 - www.adagio-city.com - 12 £ - - 146 appart. de 2 à 4 pers. à partir de 110 £.* Très bien situés sur le Royal Mile, ces appartements-hôtels séduiront les visiteurs à la recherche d'un hébergement indépendant et cosy, à la déco soignée, avec cuisine équipée, table à repasser, télévision…

### Plus de 180 £

31 **Holiday Inn Express Edinburgh Royal Mile** – **F5** - *300 Cowgate - (0131) 524 8400 - www.ihg.com - - 78 ch. à partir de 180 £.* Hôtel moderne et fonctionnel, sans bonne ni mauvaise surprise, qui vaut avant tout pour son emplacement.

## Holyrood

**Plan détachable**

### De 60 à 110 £

5 **Destiny Student - Brae House** – **H3** - *31 Abbeyhill - (0131) 344 4897 -*

Kimpton Charlotte Square

Kimpton Charlotte Square, la Map Room.



*destinystudent.com - 411 ch. 66/127 £.* Dernière née d'un réseau de résidences universitaires, celle-ci propose des chambre doubles impeccables malgré leur exiguïté, avec salle de bains privative et cuisine commune. Les matelas sont de qualité moyenne mais le prix de la nuitée est imbattable pour ce secteur, entre Holyrood Palace et New Town, à 10mn à pied du Royal Mile.

## Au Sud du Royal Mile

**Plan de quartier pp. 14-15**

### Plus de 150 £

19 **The Scholar Hotel** – **H8** - *18 Holyrood Park Rd - Pollock Halls - ✆ (0131) 651 2198 - www.uoecollection.com/hotels/the-scott* - ✂ P - *108 ch. à partir de 180 £.* Au pied de Holyrood Park, bien desservi par les bus, cet hôtel dispose de 36 chambres dans un manoir du 18ᵉ s. *(ouv. tte l'année, dès 220 £ la chambre double)* et de 72 chambres plus basiques mais moins chères dans une résidence universitaire voisine *(ouv. de fin mai à début sept).* Copieux buffet de petit-déjeuner avec viennoiseries, assiette anglaise, fruits frais, laitages, etc.

4 **Ten Hill Place** – **G6** - *10 Hill Pl. - ✆ (0131) 662 2080 - www.tenhillplacehotel.com* - ✂ - P *15 £* - ♿ - *129 ch. à partir de 180 £* ☕. Un hôtel récent, à l'architecture et à la décoration modernes et élégantes, bien situé près de l'université et donc

proche du centre-ville. Une adresse au calme, loin des ruelles agitées du vieil Édimbourg.

## Princes Street

**Plan de quartier pp. 14-15**

### Auberge de jeunesse

33 **The Baxter** – **F4** - *5 West Register.St. - ✆ (0131) 503 1001 - thebaxterhostel.com - 46 lits 25/40 £/ pers.* ☕. Les parties communes comme les dortoirs de cette vaste demeure rénovée offrent un décor soigné (teintes tendance, céramiques, tentures tartan) et une grande fonctionnalité (casier, lampe, prise pour chaque lit). Une belle réussite initiée par deux frères qui créent là un lieu à mi-chemin entre le boutique-hôtel et l'auberge de jeunesse, dont le décor contraste avec l'accès par un escalier très *seventies*.

### De 100 à 150 £

23 **Motel One Edinburgh Royal** – **F5** - *18-21 Market St. - ✆ (0131) 220 0730 - www.motel-one.com - ♿ - 208 ch. 95/115 £ - ☕ 10 £.* Le principal atout de cet hôtel design est sans nul doute sa situation : à deux pas du Royal Mile et de la gare de Waverley. Les chambres sont basiques et très fonctionnelles. Une adresse pratique ! Snack-bars. Autre adresse à quelques pas de là :

34 **Motel One Edinburgh Princess** *10-15 Princes St. - ✆ (0131) 550 9220.*

2 **Market Street** – **F5** - *6 Market St. - ✆ (0131) 322 9229 - www. marketstreethotel.co.uk - ♿ - 98 ch. 106/151 £ - ☕ 14 £.* Boutique-hôtel récent doté de quatre catégories de chambres (cozy, vista, roomy...), de suites avec vue imprenable et d'un bar à champagne au 7e étage. Le tout a été élu « hôtel de l'année 2020 » en Écosse pour son design soigné mêlant chêne, pierre et laine.

## New Town

**Plan de quartier pp. 56-57**

### De 60 à 150 £

38 **Yotel** – **D4** - *68-73 Queen St. (Erskine House) - ✆ (0131) 526 4950 - www.yotel.com - 276 ch. à partir de 110 £ - ☕ 11 £.* C'est compact, high-tech et ultra minimaliste mais plutôt bon marché vu le quartier ! Au choix, plusieurs types de cabines, de 16 à 44 m², toutes conçues à la façon des hôtels-capsules japonais mais avec le confort des avions en classe affaires. En prime, une salle de fitness.

### De 100 à 150 £

20 **Edinburgh Central Rooms** – **D4** - *8 Hill St. - ✆ (0131) 6240288 - 8 ch. 104/237 £* ☕. On ne peut pas trouver plus calme que cette adresse discrète, donnant sur une rue tranquille de New Town. Elle dispose de chambres confortables décorées très simplement. La plupart, notamment les familiales, partagent des salles de bain. Accueil chaleureux.

### Plus de 150 £

12 **Kimpton Charlotte Square** – **D4** - *38 Charlotte Sq. - ✆ (0131) 240 5500 - www.kimptoncharlottesquare. com - ✕ - P 20 £ - ♿ - 198 ch. à partir de 170 £* ☕. Un établissement de qualité mêlant architecture georgienne

et décoration contemporaine, installé dans le quartier le plus élégant de la ville. Accueil britannique et confort moderne.

8 **Tigerlily** – **D4** - *125 George St. - ✆ (0131) 225 5005 - www. tigerlilyedinburgh.co.uk* - ✕ - *33 ch. à partir de 200 £* ☕. Un hôtel-boutique de charme réputé, au cadre intimiste, dont la décoration joue sur le contraste entre georgien classique et ultra contemporain. Bar restaurant de très bonne facture.

## West End

**Plan détachable**

### De 50 à 100 £

24 **Brooks Hotel** – **C7** - *70-72 Grove St. - ✆ (0131) 228 2323 - www. brooksedinburgh.com* - P *15 £* - ♿ - *46 ch. à partir de 85 £* ☕. Un hôtel-boutique de charme à deux pas de la gare de Haymarket (5mn à pied). Les chambres sont soigneusement aménagées et très confortables. Le salon (avec *honesty bar*) et la salle à manger sont tout aussi cosy. Mention spéciale pour le délicieux petit-déjeuner (*Full scottish breakfast* avec *haggis*, œufs/saumon, muesli et pâtisseries maison).

25 **B+ B Hotel** – **B5** - *3 Rothesay Terrace - ✆ (0131) 225 5084 - www. bb-edinburgh.com - 27 ch. à partir de 70 £* ☕. Un Bed & Breakfast d'un nouveau genre situé à l'est de New Town, à proximité de la rivière, qui propose des chambres douillettes, soigneusement décorées dans un style très contemporain. Belle vue sur le château pour certaines. Délicieux *Full scottish breakfast* bio. Le cadre intimiste du lieu est un plus, tout comme ses tarifs raisonnables.

21 **Albyn Townhouse** – **C8** - *16 Hartington Gardens - ✆ (0131) 0797 314 6210 - albyntownhouse.co.uk* - P *10 £ - 10 ch. à partir de 90 £*. Nichée au fond d'une impasse, belle maison victorienne restaurée par un jeune couple franco-anglais. Charme, tranquillité et confort moderne, servi par une décoration qui doit tout au talent créateur de Lydie. Celle-ci prend soin de ses hôtes jusqu'à prévoir des petits-déjeuners végétaliens. Chambres du haut avec vue sur la mer.

## Leith

**Plan de quartier** **p. 75**

### De 100 à 150 £

**Sheridan Guest House** – **Hors plan** - *1 Bonnington Grove - accès bus n° 11 - ✆ (0131) 554 4107 - sheridanedinburgh.com - 8 ch. 88/102 £* ☕. Situé à 15-20mn de marche du centre-ville et de Leith, une charmante pension familiale aux chambres douillettes et joliment décorées. Accueil attentionné et petit-déjeuner pantagruélique.

### Plus de 150 £

37 **Malmaison Edinburgh** – **B1** - *1 Tower Pl. - ✆ (0131) 285 1478 - www. malmaison.com* - P ♿ - *100 ch. 144/198 £* ☕. Imposant bâtiment face au canal de Leith. Comme tous les hôtels de la chaîne, les chambres sont particulièrement confortables et chaleureuses, mêlant boiseries et matériaux nobles.

Edinburgh
Trams
955
Beyond Caravaggio

# CARNET PRATIQUE

Préparez votre voyage



Votre séjour de A à Z



Agenda culturel





Tramway devant la Royal Scottish Academy.
Bob Douglas/Getty Images Plus

# Préparez votre voyage

## Formalités d'entrée

Pour vous renseigner sur les règles administratives et sanitaires en vigueur dans le pays, rendez-vous sur **www.diplomatie.gouv.fr**.

### Documents d'identité

Le Royaume-Uni ne faisant plus partie de l'Union douanière européenne, un **passeport en cours de validité** est nécessaire pour entrer sur le territoire britannique.

Si vous voyagez avec votre enfant mineur et qu'il ne porte pas le même nom que vous, pensez à vous munir de votre **livret de famille** ou d'un extrait de son acte de naissance.



Les mineurs voyageant seuls doivent présenter une autorisation de sortie du territoire (formulaire à télécharger sur www.service-public.fr).

### Visa

L'exemption de visa reste en vigueur pour les séjours touristiques de moins de six mois, simples visites professionnelles, formations, conférences, séminaires, etc. Pour tout autre type de séjour (travail, stages, études de plus de six mois, etc.), un visa est requis.

**www.gov.uk/check-uk-visa**

Une Electronic Travel Authorization (ETA) pourrait également être exigée à partir de 2025 (www.etauk.uk).

### Douane

Du Royaume-Uni vers la France, vous pouvez transporter dans vos bagages des marchandises achetées ou qui vous ont été offertes, sans avoir de déclaration à effectuer, ni de droits et taxes à payer, à condition que la valeur de ces marchandises n'excède pas les seuils suivants : 430 € (en bateau et en avion), 300 € (en voiture et en train), 150 € (enf. -15 ans).

Les voyageurs de plus de 17 ans sont autorisés à importer 200 cigarettes et 1 l d'alcool fort (2 l si le degré d'alcool est inférieur ou égal à 22°).

**www.douane.gouv.fr**

### Santé

En vertu de l'accord de commerce et de coopération entre l'Union européenne et le Royaume-Uni, la carte européenne d'assurance maladie (CEAM) émise par la France ou un autre pays européen reste valable en Écosse jusqu'à nouvel ordre.

## Aller en avion

Édimbourg possède un **aéroport international** : (0844) 448 8833 - www.edinburghairport.com.

*Accès au centre-ville, voir p. 3.*

### Compagnies régulières

**Air France** – 36 54 - www.airfrance.fr. Vols directs de Paris à Édimbourg.

**KLM** – 0 892 702 608 ou 09 69 36 86 05 - www.klm.com. Vols depuis plusieurs villes françaises avec escale à Amsterdam.

**British Airways** – 0 825 825 400 - www.britishairways.com. Vols avec ou sans escale à Londres.

**Brussels Airlines** – 0902 51 600 (Belgique) ; 0892 64 00 30

(France) - www.brusselsairlines.com. Vols directs entre Bruxelles et Édimbourg.

### Compagnies low-cost

**Ryanair** – www.ryanair.com. Au départ de plusieurs villes, dont Bordeaux, Marseille, Nantes et Bruxelles-Charleroi.
**easyJet** – www.easyjet.com/fr. Vols de Paris, Lyon, Nice, Bâle et Genève entre autres.
**Jet2.com** – www.jet2.com. Vols depuis Genève.

## Aller en train

La ville compte plusieurs gares ; la principale est **Edinburgh Waverley**, située en plein centre-ville.
Depuis Kings Cross Station ou Euston Station (Londres), la durée du trajet est de 4h30/5h. De nombreuses compagnies privées se partagent le réseau, mais la London North Eastern Railway (LNER) propose l'offre la plus étendue pour cette destination - lner.co.uk. Voir également www.scotrail.co.uk et les sites généralistes www.nationalrail.co.uk, www.thetrainline.com et www.rail.co.uk.
Pour un court séjour, pensez au **train de nuit** Caledonian Sleeper au départ de London Euston, à destination de Edinburgh Waverley (7h30 de trajet) - www.sleeper.scot. Comptez 60 £ l'aller simple en siège inclinable, 145 £ le compartiment 2 couchettes.
*Voir aussi « En train » p. 3.*

## Aller en car

Distante de 650 km de Londres, Édimbourg est desservie par de nombreuses compagnies de bus ; le voyage dure environ 10h.
**National Express** – 08717 818 178 - www.nationalexpress.com - plusieurs départs entre 8h et 22h30 depuis London Victoria Coach Station.
**Megabus** – 0900 1600 900 - www.megabus.com - départs entre 9h30 et 23h depuis London Victoria Coach Station.

## Argent

**Devise** – La monnaie officielle est la **livre sterling** (£), divisée en 100 pence (p.) et convertible au taux de 1 £ pour 1,1 € *(au moment de la rédaction de ce guide)*. Autres taux de change : 1 £ = 1,2 FCH ; 1 £ = 1,7 CAD.
**Change** – Vous n'aurez aucun problème pour changer vos devises à Édimbourg, dans les banques, les bureaux de change, à l'aéroport et certaines agences de voyages, grands hôtels et grands magasins. Pour éviter de vous retrouver avec des livres sterling à la fin du séjour, ne changez pas des sommes trop importantes.
*Voir « Banques » p. 128.*
**Cartes bancaires** – On trouve des distributeurs automatiques partout, et le paiement par carte est devenu la règle dans la plupart des restaurants, commerces ou hôtels (à l'exception de certains B & B).
Certains établissements bancaires ne facturent pas de frais sur les paiements par carte hors zone euro (en revanche, des frais fixes peuvent s'appliquer aux retraits). Pour éviter les mauvaises surprises, vérifiez les conditions auprès de votre banque avant le départ.

## Saisons

Les mois de **mai-juin** et **septembre-octobre** sont des périodes idéales pour se rendre en Écosse, car la nature y est superbe, le climat plus sec et les loisirs de plein air nombreux. Les routes sont aussi moins encombrées et les *midges* (sorte de moucherons piqueurs) beaucoup moins agressifs. Mais les autres mois de l'année ont chacun leur attrait particulier et sont, bien sûr, l'occasion de visites tout aussi agréables et intéressantes. **Juillet et surtout août** proposent le plus grand nombre de festivals et nécessitent de réserver son point de chute longtemps à l'avance (☛ *« Édimbourg en fête » p. 140, « Agenda culturel » p. 136 et « Se loger » p. 118)*. L'**hiver** est également une saison intéressante, où il faut cependant prendre en compte le fait que la luminosité baisse vite en fin de journée et que nombre d'attractions sont fermées de novembre à mars.



## Pour en savoir plus

### Sites Internet

**www.visitscotland.com**
En français, site Internet très bien fait (cette agence publie également d'excellentes brochures).

**www.edinburghguide.com**
L'agenda ultra-complet des manifestations culturelles. Mêmes informations sur eventsedinburgh.org.uk.

**www.edinburghfestivalcity.com**
Tout sur les festivals qui animent la ville au fil des mois.

**www.ecossedirect.com**
Toutes les infos pratiques sur l'Écosse, Édimbourg plus particulièrement.

**www.list.co.uk**
Ce site liste les événements culturels de la capitale écossaise.

**www.edinburghspotlight.com**
En anglais, site d'informations culturelles.

**edinburgh.org/french**
En français, un site d'information très pratique.

**www.edinburgharchitecture.co.uk**
En anglais, site d'information sur l'architecture contemporaine et l'urbanisme à Édimbourg.

**www.heartsfc.co.uk** et **www.hibernianfc.co.uk**
Si l'envie vous vient d'assister aux matchs des clubs de football locaux.

**www.edinburghrugby.org**
Si vous préférez le rugby.

**www.edinburghleisure.co.uk**
Toutes les infrastructures de loisirs de la ville.

### Lectures

Les polars de **Ian Rankin** (Livre de Poche) et d'**Irvine Welsh** (Points Seuil) dévoilent un côté plutôt noir de la ville tandis que *Les Chroniques d'Édimbourg* d'**Alexander McCall Smith** (10/18) dépeignent avec humour le quotidien d'un petit groupe d'habitants de New Town. Le dernier roman de **Jenni Fagan**, *La Fille du diable* (Métailié), dépeint aussi Édimbourg sous une couleur originale. On recommande également *Les Belles années de Mademoiselle Brodie* (Éditions du Rocher) de **Muriel Spark**, qui raconte le quotidien d'une institutrice pas comme les autres.

☛ *Voir aussi « ... et dans la bibliothèque » p. 151.*

Retrouvez-nous en ligne sur
**editions.michelin.com**

Scannez ici !

salihkilic/Getty Images Plus

**pour découvrir tous nos produits et nos dernières actualités !**

MICHELIN

# Votre séjour de A à Z

## Banques

« Horaires » ci-contre.

**Taux des commissions** – En général, on bénéficie des taux les plus intéressants à la banque.

**Monnaie** – Il existe des billets de 50 £, 20 £, 10 £ et 5 £ et des pièces de 2 £, 1 £, 50 p., 20 p., 10 p., 5 p., 2 p. et 1 p. Les banques écossaises impriment leurs propres billets, qui sont acceptés partout en Écosse, mais rarement en dehors du Royaume-Uni. N'acceptez pas de billets en papier, ils ne sont plus en circulation. Les billets actuels sont en polymère, un matériau plastique.

### Pas de panique !

**Appel d'urgence européen** : 112 (depuis un portable).
**Urgences** : 999 (pompiers, police, ambulance) - 101 (police).
**Police** : 2 Gayfield Square - (0131) 556 9270 - www.scotland.police.uk.
**Perte cartes bancaires (numéros locaux)** :
American Express : 01 47 77 72 00.
Visa : 0 800 891 725.
Master Card : 0 800 964 767.
**Urgences médicales** : pour consulter un médecin : 111
The Royal Infirmary of Edinburgh - 51 Little France Crescent, Old Dalkeith Rd - (0131) 536 1000 - 24h/24.
**Objets trouvés** :
Aéroport - (0131) 344 3486.
Gare - (03301) 092833 ou (0131) 550 2333.
Bus - (0131) 457 0652 ou 554 4494 (Lothian/Trams) ou (0870) 872 7271 (First).



## Consignes à bagages

**Edinburgh Bus Station (gare routière)** – (0131) 555 6363 - Elder St. - 4h45-0h45 (dim. et j. fériés 6h-0h45). Compter 5 £, 6,50 £ ou 8 £/12h selon la taille du bagage.

**Edinburgh Waverley (gare ferroviaire)** – Waverley Bridge - (020) 80 90 99 37 - 7h-23h. 6 £ pour 3h ; 12,50 £ pour 24h. Les consignes sont sur le quai 2 (près de l'entrée de Calton Rd).

## Consulats

**France** – West Parliament Square - (0131) 285 6038 - uk.ambafrance.org.

**Belgique** – C/o Experience Scotland Travel Services - 2 West St., Penicuik - (01968) 679 969.

**Canada** – 01250 870 831 (consulat honoraire). Sinon, s'adresser au Haut-Commissariat du Canada à Londres (Canada House - Trafalgar Sq. - 020 700 46000).

**Suisse** – 58/2 Manor Pl. - (0131) 558 9402.

**Luxembourg** – 18 Charlotte Sq. - (0131) 270 3004.

## Décalage horaire

Toute l'année, à Édimbourg, compter une heure de moins qu'en France.

## Électricité

L'intensité du courant électrique est de 240 volts AC (50 Hz) ; la prise murale à trois broches représente la norme. Pensez à vous munir d'un adaptateur international.

## Gratuité

Bonne nouvelle, les plus beaux et intéressants musées de la ville sont gratuits : le National Museum of Scotland *(p. 44)*, les collections permanentes des différents sites de la Scottish National Gallery *(p. 51, 62, 69)*, le superbe Royal Botanic Garden *(p. 72)*. Également, visites guidées du Parlement *(p. 33)*.

## Handicaps

La Lothian Centre for Inclusive Living publie plusieurs dépliants qui répertorient les galeries d'art, musées, salles de concert, hôtels, pubs, toilettes publiques, parcs et jardins proposant des aménagements pour les personnes handicapées. **Lothian Centre for Inclusive Living** - 57 Albion Rd - (0131) 475 2350.
Autres sites à consulter : www.tourismforall.org.uk (en anglais) et www.visitscotland.com (en français). Ce dernier site fournit une liste d'hébergements adaptés.

## Horaires

**Magasins** - Du lundi au samedi de 9h à 17h30 et souvent le dimanche jusqu'à 18h.
*« Nos adresses/Shopping » p. 107.*
**Banques** - Lundi-vendredi de 9/10h à 16/17h. Certaines banques ferment une heure au moment du déjeuner. Quelques succursales ouvrent leurs guichets le samedi de 9h30 à 12h30.
**Musées et monuments** - 10h-17h. Beaucoup fonctionnent tous les jours de la semaine, leurs horaires étant parfois réduits le dimanche et les jours fériés, mais la plupart ferment le 1er janvier et les 25 et 26 décembre. Les horaires sont souvent prolongés pendant les festivals (août, fin déc.).
**Poste** - Du lundi au vendredi (9h-17h30) et le samedi (9h30- 12h30). La Poste ouvre de plus en plus d'antennes dans les supermarchés, avec des horaires d'ouverture plus larges.
**Pharmacies** - Elles sont ouvertes aux mêmes heures que les magasins. Les pharmacies de nuit sont indiquées dans la presse quotidienne.

## Internet

Wifi gratuit à la gare de Waverley, l'office de tourisme, les bibliothèques municipales, les musées et de nombreux cafés. La ville a aussi mis en place un réseau wifi gratuit qui couvre un large territoire. Voir sur www.edinburghfreewifi.com.

## Jours fériés

1er janvier *(New Year's Day)*
Vendredi saint *(Good Friday)*
Lundi de Pâques *(Easter Monday)*
Premier lundi de mai *(May Day Bank Holiday)*
Dernier lundi de mai *(Spring Bank Holiday)*
Dernier lundi d'août *(August Bank Holiday)*
30 novembre *(St Andrew's Day)*
25 décembre *(Christmas Day)*
26 décembre *(Boxing Day)*

## Marchés

La ville (comme toute l'Écosse) est réputée pour ses **farmers' markets**, des marchés rassemblant des producteurs locaux. Le plus connu se tient à **Castle Terrace** le samedi de 9h à 14h (*p. 110*). Un marché du même type se tient le deuxième samedi du mois à **Balerno Village** (au sud-ouest de l'agglomération).

Les gourmands peuvent aussi fréquenter les marchés de quartiers de **Stockbridge** *(Saunders St., dim. 10h-17h,* *p. 112**)*, St Mary (*Picardy Pl., sam. matin*), **Leith** *(sam. 10h-17h,* *p. 113**)* et **Grassmarket** *(sam. 10h-17h)*. Le premier, un petit marché de produits bio très apprécié, a été initié par des Français installés à Édimbourg.

Les chineurs se rendront au **marché aux puces** *(flea market)* abrité chaque dernier samedi du mois dans le Drill Hall *(36 Dalmeny St.)*.

## Panoramas

Bâtie sur sept collines, Édimbourg est une cité dure pour les mollets mais agréable à l'œil. Pour nous, les plus belles vues se dévoilent depuis le château, Arthur's Seat, Calton Hill et le toit-terrasse du National Museum of Scotland. Et on a surtout un faible pour la vue depuis l'étage supérieur des bus à impériale : panoramas à couper le souffle garantis, sans effort, pour le prix d'un ticket de bus !

Neil Bussey/Getty Images Plus

Balade à Princes Street Gardens.

## Pass

L'**Edinburgh City Pass** *(www.edinburgh.org)*, valable 1 j. (45 £), 2 j. (55 £) ou 3 j. (65 £), donne accès à une vingtaine de sites et attractions, dont The Georgian House, Edinburgh Dungeon, Auld Reekie Tours et Forth Boat Tours. Il inclut le transfert en tram depuis et vers l'aéroport.
Le **Royal Edinburgh Ticket**, valable 48h *(63 £, enf. 34 £)* donne accès au château d'Édimbourg, au palais de Holyrood et au Royal Yacht Britannia à Leith, tout en vous permettant de parcourir la ville à bord des bus « City Sightseeing » *(voir p. 134)*.
**Historic Scotland Explorer Pass**, 7 j. à 35 £ *(www.historic-scotland.gov.uk)* : à Édimbourg et ses proches environs, seuls le château d'Édimbourg, le château de Craigmillar et le palais de Linlithgow sont concernés.
La carte de membre du **National Trust for Scotland**, à 63 £, valable 1 an *(www.nts.org.uk)*, concerne, dans la capitale, la Georgian House et Gladstone's Land. Ces deux derniers pass vous intéresseront donc avant tout si vous poursuivez votre voyage à travers le pays.

## Poste

Les timbres s'achètent dans les postes, les offices de tourisme, les stations-service et chez les marchands de journaux. Pour envoyer une carte postale en Europe, le timbre coûte 1,85 £. www.royalmail.com - *« Horaires/Poste » p. 129.*

## Pourboire

Si le service n'est pas inclus dans l'addition, au **restaurant**, laissez un pourboire de 10 % de la note. Dans les **hôtels**, porteurs et portiers apprécient de 50 p. à 2 £ selon le service rendu. Dans les pubs, il y a souvent une cagnotte où on laisse de la monnaie pour l'équipe.

## Presse

### Presse quotidienne britannique

Elle se compose de journaux d'information sérieux tels *The Daily Mail*, *The Daily Telegraph*, *The Financial Times*, *The Guardian*, *The Independent* et *The Times*, par opposition aux tabloïds, plus racoleurs, comme *The Daily Express*, *The Daily Star*, *The Daily Mirror* ou *The Sun*.

### Presse quotidienne écossaise

Plutôt axé politique, *The Scotsman* paraît depuis 1817 : www.scotsman.com.
*Edinburgh Evening News* est le principal quotidien. Ce tabloïd couvre les infos locales à Édimbourg : www.edinburghnews.scotsman.com.
*The National*, fondé en 2014 et favorable à l'indépendance, porte un regard intéressant sur l'actualité : www.thenational.scot
Le *Student Newspaper* est, comme son nom l'indique, réalisé par les étudiants de l'université d'Édimbourg : www.studentnewspaper.org.

### Magazines

Le très populaire *The List* (www.list.co.uk) sort dans les kiosques le mardi. Il recense toutes les manifestations de la semaine, offre une sélection de restaurants, de bars, de boutiques, etc. Surveillez aussi *The Skinny* (www.theskinny.co.uk) pour sa tendance un peu plus « underground ».

## Restauration

*« Pourboire » page précédente, « Nos adresses/Se restaurer » p. 90 et « Saveurs écossaises » p. 154.*

Le petit-déjeuner écossais (**Scottish breakfast**) est assez copieux pour que l'on puisse envisager de sauter le déjeuner. Le *continental breakfast* est plus léger.

À midi, on se contente souvent d'un déjeuner léger : un sandwich, une salade ou une soupe.

De nombreux restaurants proposent néanmoins un **lunch menu** d'un bon rapport qualité-prix, composé de deux ou trois plats ; l'occasion de s'offrir une grande table quand on ne dispose que d'un budget limité !



La plupart des restaurants servent de 12h à 14h/14h30.

Lorsqu'il fait beau, le **pique-nique** est un sport national !Pensez au rayon alimentaire des supermarchés où sont vendus des sandwichs.

À partir de 16h, l'Écosse se met à l'**heure du thé**. Des mini-sandwichs et de délicieuses pâtisseries accompagnent la *cup of tea*.

Il est traditionnel d'aller prendre une bière dans un **pub** après le travail, à 17/18h, avant de sortir dîner vers 19h30/21h, ou de profiter d'un menu *pre theater* avant un spectacle (*voir p. 90*). La plupart des restaurants ne servent pas après 22h et il est conseillé de réserver en fin de semaine. Le repas du soir est le plus copieux de la journée.

Dans les pubs, il faut souvent commander au comptoir.

## Tabac

Depuis 2006, il est interdit de fumer dans les lieux publics fermés.

## Taxi

Plutôt chers, ils ne sont pas indispensables vu la taille de la ville et la qualité des transports en commun.

**City Cabs** – (0131) 228 1211.

**Central Taxis** – (0131) 229 2468.

## Téléphone

**Numéros utiles** – 100 (opérateur), 155 (opérateur international), 118 500 ou 192 (renseignements), 118 505 (renseignements internationaux).

**Téléphoner vers l'Écosse** – Composez le 00 44 puis le numéro de téléphone complet sans le 0. Les numéros commençant par l'indicatif (0840) ne peuvent pas être appelés de l'étranger.

**Téléphoner en Écosse** – Composez l'indicatif de la zone précédé du zéro. Les numéros en 0800 sont gratuits. Ceux des mobiles débutent par 07.

**Indicatifs internationaux** de l'Écosse vers : la France 00 33, la Belgique 00 32, le Canada 00 1, le Luxembourg 00 352, la Suisse 00 41.

**Portable** – Depuis le 1er janvier 2021, des frais d'itinérance peuvent être facturés lorsque vous appelez l'Union européenne depuis le Royaume-Uni. Informez-vous auprès de votre opérateur.

## Toilettes

La ville compte une vingtaine de toilettes publiques bien tenues, gratuites ou payantes (30 à 50 p.). Elles sont recensées et localisées sur www.edinburgh.gov.uk (taper « toilets »).

## Transports en commun

(0131) 554 4494 - www.edinburghtrams.com et www.lothianbuses.com.

**Réseau** – Édimbourg a une ligne de **tramway** qui relie l'aéroport au centre-ville (York Place). Elle devrait se poursuivre jusqu'à Leith, avec une mise en service annoncée pour 2023. Le tram circule de 5h30 ou 6h15 à 22h45 ou 23h30 selon le lieu de départ, toutes les 8 à 12mn. Les tickets s'achètent aux bornes placées à chaque arrêt.

Cette ligne de tram complète un réseau de **bus** (**Lothian Buses**) fréquents et desservant le centre-ville comme les environs. Pour aller à l'aéroport en bus, choisir les bus Airlink *(voir détails p. 3)*.

**Informations** – Informations et vente dans les TravelHubs situés au 31 Waverley Bridge *(lun.-sam. 9h-17h,* **F5**) ou 49 Shandwick Pl. *(mar.-sam. 9h-17h,* **C5**).

**Tarifs** – Tarifs *City Zone* 1,80 £ (enf. 0,90 £), une journée 4,50 £ (enf. 2,20 £). Tarifs *Airport Zone* AS 6,50 £, AR 9 £ (enf. 3,30/4,80 £). Ticket familial *Family Day Ticket* pour deux adultes et jusqu'à trois enfants : 9,50 £. Autres options : la *Ridacard* rechargeable qui donne accès à tout le réseau pour une semaine (20 £/sem. + 3 £ pour l'achat de la carte) ; la carte librement rechargeable *Citysmart* (elle n'est pas valable sur les trams et bus pour ou de l'aéroport) ; les *m-tickets* à télécharger sur votre smartphone (débit minimal 4 £). Attention, si vous achetez un billet unique à bord du bus, il vous est demandé de faire l'appoint. On peut également payer par carte, en « sans contact ».

Tous ces tickets et pass sont communs aux trams et aux Lothian Buses (à l'exception des trajets vers l'aéroport). Ils peuvent être achetés en boutique, aux bornes de vente (sauf les cartes rechargeables) ou en ligne sur les sites indiqués plus haut.

Des **applications gratuites** créées par Lothian Buses (bus et trams) permettent de consulter les horaires, les itinéraires, le temps d'attente, les tarifs. Elles sont listées sur le site Internet de la compagnie.

## Vélo

La ville est sillonnée par un vaste réseau de pistes cyclables qui permet de parcourir toute l'agglomération et de rallier rapidement la mer et la campagne.

Agréable pour flâner le long des avenues de New Town, le vélo s'avère peu pratique dans la Vieille Ville où pentes raides, ruelles étroites et pavés le rendent difficile à manier. Si toutefois vous êtes un cycliste urbain aguerri, lancez-vous... tout en gardant à l'esprit que l'on roule à gauche ! Notez que l'on peut transporter son vélo dans certains trams aux heures creuses.

**Informations** – Divers sites Internet et/ou organismes vous aideront à planifier votre visite de la ville en pédalant (informations, cartes, visites...) : www.cycling-edinburgh.org.uk, www.sustrans.org.uk, edinburgh.cyclestreets.net.

**Location** – **CycleScotland** - 29 Blackfriars St. - (0131) 556 5560 - www.cyclescotland.co.uk ; **Leith Cycle Co.** – 276 Leith Walk (dans le quartier du port, à Leith) - (0131) 467 7775 - leithcycleco.com.

## Visites guidées

L'offre ne manque pas ! Nombre de visites guidées débutent (et « recrutent ») aux abords de la cathédrale St Giles.

### Circuits en bus

Les différentes compagnies de bus *sightseeing* partent de Waverley Bridge où un comptoir de vente vous attend.

**Edinburgh Bus Tour** – ✆ (0131) 475 0618 - www.edinburghtour.com - premier départ de Waverley Bridge à 9h - à partir de 16 £. Plusieurs circuits touristiques sont proposés, identifiables à la couleur du bus. Le bus « City Sightseeing » (rouge) propose un service en français (audioguide).

M. Berry/Alamy/hemis.fr

Visite d'Édimbourg à vélo

Le Majestic Tour mène ainsi à Ocean Terminal, à Leith, *via* New Town, le Royal Botanic Garden, Royal Mile...

### Circuits guidés à pied

**Visites guidées en français** – www.visitesguideesedimbourg.com. Sur réservation, des visites guidées organisées par un guide français diplômé, installé dans la capitale écossaise.

www.visitededimbourg.com. Sur réservation, des visites classiques ou thématiques (la Vieille Ville sur les traces de Mary Stuart, Harry Potter, etc.) proposées par une guide française.

www.frenchkilt.com. Un blog en français qui propose également des visites guidées en français originales, privées ou en groupe.

**Green Yonder Tours** – ✆ (0131) 558 8240 - www.greenyondertours.com - à partir de 8 £ - réserv. obligatoire. 1h40 de balade pour explorer les jardins cachés autour du Royal Mile ou ceux de New Town (en anglais).

**Cobbles Tales** – ✆ 07596 082725 - www.cobblestales.com. En anglais, des promenades consacrées à l'architecture contemporaine et l'urbanisme à Édimbourg.

**Invisible Cities** – ✆ (0131) 7500 773 709 - www.invisible-cities.org - 12/15 £. Les visites guidées de Invisible Cities sont assurées par des personnes ayant vécu dans la rue ou connu des périodes de mal-logement. En réinsertion, elles sont formées par Invisible Cities au métier de guide. Les visites sont passionnantes et contiennent des informations qu'on ne trouve nulle part ailleurs. En anglais.

## Circuits littéraires

**Edinburgh Book Lovers' Tour** – ✆ 07770 163 641 - www.edinburghbooktour.com - dern. dim. du mois (sam. et dim. en août) - 20 £ - dép. du Writers Museum. 1h30 à pied sur les traces de Walter Scott, Arthur Conan Doyle et J. K. Rowling.

**Literary Pub Tour** – ✆ 0800 169 7410 - www.edinburghliterarypubtour.co.uk - 20 £ (moins cher si achat sur Internet) - dép. de Grassmarket 19h30 (tlj juin-juillet, reste de l'année jours variables). Tournée littéraire des pubs : des comédiens vous conduisent de bar en bar en contant l'histoire des lieux et des personnages qui les ont fréquentés.

## Circuits « fantômes » et sorcières

*Circuits à pied, voir encadré p. 33. « Auld Reekie Tours », « Mercat Tours », « City of The Dead Tours » et « Cadies & Witchery Tours ».*

**The Ghost Bus Tours** – www.theghostbustours.com - durée 1h15 - dim.-jeu. à 19h30 et 21h, vend.-sam. 18h, 19h30 et 21h - dép. de Lawnmarket - 19 £ (enf. 14 £, famille 51 £).

## Circuits à vélo

**Edinburgh Bike Tours** – ✆ (07754) 44 24 34 -www.edinburghbiketours.co.uk. Quatre circuits guidés proposés, de 2h à 5h, pour env. 50 £ par pers. Centre-ville, la côte et les ponts...

*Voir aussi « Vélo » p. 133.*

## Visites guidées de distilleries (gin et whisky)

**Distillerie de Summerhall** – Visites jeu.-dim. - 15 £. Cette distillerie qui produit le Pickering's Gin organise des visites guidées d'1h, avec dégustation *(voir p. 102, The Royal Dick Bar).*

**Edinburgh Gin Distillery** – www.edinburghgin.com - réserv. obligatoire - 1h, 25 £. Située dans le West End, elle propose des visites pour se familiariser avec l'histoire du gin dans la capitale écossaise *(voir p. 105, Head & Tales).*

**Holyrood Distillery** – 19 St Leonard's Lane - www.holyrooddistillery.co.uk - visites jeu.-dim. sur réserv. 7 j à l'avance - de 16,50 £ à 25 £. Elle est ouverte à la visite, que l'on peut combiner avec une dégustation de gin ou de whisky.

**Lind & Lime Gin Distillery** – www.lindandlime.com. *Voir p. 76.*

# Agenda culturel

Pendant la période des festivals (août et fin décembre principalement), certains musées prolongent leurs horaires d'ouverture et organisent des expositions spéciales. Il est recommandé de réserver les spectacles. Vous trouverez des informations générales sur : **www.edinburghfestivalcity.com.** Pour les grandes **expositions**, consultez le site **www.nationalgalleries.org** ; voir aussi les sites proposés p. 126.

## Rendez-vous annuels

### 25 janvier



▶**Burns' Night** – Célébration de l'anniversaire du poète Robert Burns au son des cornemuses, en se régalant de *haggis* et de *cranachan*.

### Février-mars

▶**Tournoi des Six Nations** – Les matchs du tournoi de rugby se jouent au stade de Murrayfield.

### Avril

▶**Beltane Fire Festival** – Ancienne fête celtique célébrée à Calton Hill - beltane.org. *Voir encadré p. 66.*

▶**Edinburgh International Science Festival** – Manifestations diverses, visites autour des sciences et des découvertes - ✆ (0131) 553 0320 - www.sciencefestival.co.uk.

### Mai

▶**Imaginate Festival** – Un festival pour les plus jeunes avec magie, mime et marionnettes. Le plus grand événement du genre au Royaume-Uni - www.imaginate.org.uk.

### Juin

▶**Royal Highland Show** – Danses des Highlands au Royal Highland Centre, Ingliston (près de l'aéroport) depuis 1822 - pass à 30 £ (24 £ si achat à l'avance sur Internet) - ✆ (0131) 335 6200 - www.royalhighlandshow.org.

▶**Leith Festival** – Durant une semaine, programmation éclectique de concerts, fêtes, théâtre, poésie et parade - ✆ (0131) 629 1214 - www.leithfestival.com.

### Juillet

▶**Edinburgh International Jazz and Blues Festival** – Le jazz est à l'honneur dans la ville, les pubs, les théâtres les plus chics ou en plein air - www.edinburghjazzfestival.com.

### Août

▶**Edinburgh International Festival** – La manifestation culturelle la plus prestigieuse. Les diverses scènes de la ville présentent des créations exceptionnelles proposées par des troupes venues du monde entier, dans tous les domaines du spectacle vivant (opéra, danse, théâtre et musique). Rens. : The Hub, Castle Hill, Royal Mile - ✆ (0131) 473 2000 - www.eif.co.uk.

▶**Edinburgh Festival Fringe** – Parallèlement à l'Edinburgh International Festival *(voir ci-contre)*, un festival incontournable, souvent d'avant-garde ou simplement excentrique : théâtre, musique, danse

Kenny Lam/VisitScotland

Le Military Tattoo Festival.

et spectacles de rue. Rens. : ✆ (0131) 226 0026 - www.edfringe.com.

▶**Royal Edinburgh Military Tattoo** – Pendant trois semaines, plus de 200 000 spectateurs assistent aux défilés et aux fanfares militaires en kilt qui jouent de la cornemuse. Billetterie : 32 Market St. - ✆ (0131) 225 1188 - www.edintattoo.co.uk.
De 25 à 90 £.

▶**Edinburgh Art Festival** – Expositions et événements (beaucoup sont gratuits) dans plus de 40 musées, galeries et espaces temporaires - www.edinburghartfestival.com.

▶**Edinburgh International Book Festival** – Des dizaines d'événements autour de la littérature dans Charlotte Square Gardens - ✆ 0345 373 5888 ou (0131) 718 5666 - www.edbookfest.co.uk.

▶**The Ferry Fair** – À South Queensferry, une semaine de festivités destinées aux enfants. C'est à cette occasion que défile le **Burry Man**, un être disgracieux couvert de la tête aux pieds de teignes vertes de bardane - www.ferryfair.co.uk.

## Septembre

▶**Doors Open Days** – Le temps d'un week-end, Édimbourg ouvre les portes de sites habituellement inaccessibles - www.doorsopendays.org.uk.

## Octobre - décembre

▶**Samhuinn Fire Festival** – L'ancêtre celtique de Halloween, célébré par des danses enflammées à Calton Hill ou Holyrood Park - www.beltane.org.

▶**Edinburgh's Christmas** – Dans la tendance des fêtes populaires et commerciales autour de Noël, la ville organise depuis une quinzaine d'années un marché, des défilés et des activités (patinoire, grande roue...) - www.edinburghschristmas.com.

## Décembre-janvier

▶**Hogmanay** – Des milliers de personnes dans les rues pour fêter aux flambeaux l'arrivée du Nouvel An avec concerts et feux d'artifice (du 29 décembre au 1er janvier) - www.edinburghshogmanay.com.

# POUR EN SAVOIR PLUS





Spectacle de rue durant le Edinburgh Festival Fringe.
Kenny Lam/VisitScotland

# Édimbourg en fête

## Le spectacle est dans la rue

La ville est animée tout au long de l'année, mais c'est en **août**, le mois des **festivals**, que l'effervescence est vraiment exceptionnelle. Pas moins de 25 000 artistes de toutes disciplines et de tous les pays s'y retrouvent. Pendant un mois, une agitation incroyable gagne les rues et les places, des milliers de visiteurs venus principalement des autres régions du Royaume-Uni, d'Australie, d'Amérique du Nord viennent faire de nouvelles découvertes.

## Edinburgh International Festival & Fringe



En effet, la capitale écossaise, épargnée par les bombardements de la Seconde Guerre mondiale et dotée de nombreuses salles de spectacle, a été choisie en 1947 pour accueillir une manifestation culturelle de premier plan destinée à servir de tremplin à « l'épanouissement de l'esprit humain » : **l'Edinburgh International Festival.** Depuis lors, cette initiative novatrice n'a cessé de se développer et de se diversifier, donnant à Édimbourg un caractère unique.
L'Edinburgh International Festival est la manifestation la plus prestigieuse. Les diverses scènes de la ville présentent des créations exceptionnelles proposées par des troupes venues du monde entier dans tous les domaines du spectacle vivant (opéra, danse, théâtre et musique). Parallèlement, la ville accueille les quelque 2 500 spectacles de l'**Edinburgh Festival Fringe**, apparu lui aussi en 1947. C'est probablement aujourd'hui l'un des premiers et des plus célèbres festivals de ce genre à travers le monde. Souvent d'avant-garde ou simplement excentrique, The Fringe se répand dans les rues et les squares d'Édimbourg, qui deviennent alors une grande scène pour les artistes, jongleurs, comédiens, musiciens et mimes. De nombreux artistes comiques s'y sont fait connaître au fil des années, comme Steve Coogan ou Rowan Atkinson. Fidèles à l'esprit original du Fringe, tous les événements sont plus ou moins irrévérencieux mais tous sont délirants.

## Pour tous les goûts et budgets

Si les spectacles d'artistes de renommée internationale exigent de réserver pour espérer avoir des places, la meilleure façon d'apprécier le festival est de le découvrir au petit bonheur la chance. Rendez-vous sur le Royal Mile pour vous faire une idée des spectacles, procurez-vous la presse locale qui offre des places, lisez le débriefing des soirées précédentes. De bons retours vous inciteront peut-être à aller voir des spectacles auxquels vous n'auriez pas pensé. Côté budget, les tarifs sont abordables, avec des billets à partir de 12 £ (théâtre, opéra ; réservations ouvertes dès fin mars), des réductions (pour les étudiants, les seniors, etc.) et des promotions (deux places pour le prix d'une par exemple) et plus de 600 événements gratuits. Les festivals permettent aussi de découvrir la ville de façon inédite puisque plus de 300 lieux – certains insolites ou secrets – ouvrent leurs portes au public à cette occasion.

## Des soldats, des lettres et des arts

À la même période, le **Royal Edinburgh Military Tattoo** (*voir p. 137*) offre, sous les projecteurs de l'esplanade du château, un spectacle de défilés et de fanfares militaires haut en couleur et riche de traditions. Pas moins de 200 000 personnes y assistent, plusieurs millions si l'on compte les spectateurs suivant les retransmissions télévisées.
Et dans le quartier du Edinburgh College of Art, sur Lauriston Place, se tient l'**Edinburgh International Book Festival**, important festival littéraire où l'on trouvera un peu de calme loin des couleurs du Fringe.
Dans les musées, les galeries d'art et des espaces temporaires, de nombreuses expositions et événements sont organisés dans le cadre de l'**Edinburgh Art Festival**.
*Voir « Agenda culturel » p. 137.*

## À la Saint-Sylvestre

Le Nouvel An, ou **Hogmanay** en scots, prend en Écosse une dimension particulièrement festive. En famille ou entre amis, une des traditions les plus répandues est le *first-foorting*, c'est-à-dire le fait d'entrer le premier dans la maison d'un proche après minuit, avec un cadeau symbolique comme du sel, du whisky ou du charbon. Un défilé aux flambeaux ouvre en général les festivités le 30 décembre. Concerts live dans les rues et les jardins, feux d'artifice et plongeon dans le Forth depuis Portobello ou South Queensferry (*the loony dook*).
*Voir « Agenda culturel » p. 137.*

## Burns' Night

La soirée du **25 janvier** est consacrée à un repas en l'honneur de **Robert Burns** (1759-1796). Le jour anniversaire de la naissance du poète national est célébré dans le monde entier et, naturellement, la fête prend une importance particulière à Édimbourg. Pour l'occasion, le dîner se compose de plats traditionnels écossais, dont le *haggis*, la panse de brebis farcie, est le point d'orgue. Au moment de la servir, l'officiant déclame le poème *Address To a Haggis* composé (1787) par le poète en l'honneur de ce plat. La soirée est ponctuée de nombreux toasts au whisky, de poèmes et de chants accompagnés à la cornemuse.
*Voir aussi Beltane Fire Festival p. 66.*

# Une histoire mouvementée

## La forteresse d'Edwin

Depuis le règne de **David Ier** (1124-1153), une légende veut que la ville d'Édimbourg doive son nom à un roi anglo-saxon, Edwin de Northumbrie (Edwinesburgh, la « forteresse d'Edwin »), bien qu'il n'y ait jamais mis les pieds et qu'il soit mort avant que ses sujets ne s'emparent du site (638). En réalité, « Edinburgh » (Dùn Èideann en gaélique) n'est pas d'origine anglo-saxonne mais celtique : il signifie « le fort d'Eidyn » (du nom de la tribu celte qui vivait dans la région alentour depuis l'âge du Fer). **David Ier**, en tout cas, montra à quel point il appréciait ce site fortifié en y érigeant l'abbaye d'Holyrood, en 1128. Durant la guerre d'Indépendance, l'importance stratégique du château permit de protéger le bourg en expansion, mais l'exposa aux attaques anglaises.



Le premier mur de la ville date de 1450. Avec le règne des premiers Stuart, Édimbourg devint successivement une résidence royale, le siège du gouvernement et la capitale du pays. Déjà considérée comme un centre religieux important grâce à la présence de l'abbaye et de la cathédrale St Giles, l'Édimbourg du 15e s. vit construire deux églises collégiales, Kirk O'Field (1450) à l'extérieur du mur et Holy Trinity (1462), qui se dressait sur le site actuel de la gare de Waverley. Les contributions financières de la cour permirent notamment la fondation d'un collège de chirurgiens (College of Surgeons – 1505) et l'introduction de l'imprimerie en 1507.

Cet âge d'or s'acheva avec la **bataille de Flodden**, en 1516, où l'armée écossaise compta parmi ses morts le roi et le prévôt d'Édimbourg. Les habitants de la ville décidèrent alors de construire le **mur de Flodden**. Achevée en 1560, cette enceinte détermina les limites de l'ancienne ville royale pendant près de deux siècles ; la ville fut donc obligée de croître en hauteur, et dans les étroites ruelles dévalant la colline furent construits des immeubles d'une hauteur pouvant aller jusqu'à douze étages. Pendant plusieurs siècles, ces maisons vont réunir toutes les classes de la ville : aux étages inférieurs habitaient les pauvres, alors que les plus riches occupaient les parties supérieures.

## L'avènement de la Réforme

Deux ans après l'accession au trône de **Marie Stuart**, l'armée du roi d'Angleterre Henri VIII vint mener sa **« campagne de courtoisie violente »**, n'apportant que ravages et destructions dans le sud et l'est du pays. Marie fut alors envoyée en France par mesure de sécurité.

À cette époque déjà, l'Église catholique, plus riche que la Couronne, était contestée et les idées de la

### Marie Stuart, tragique destinée

Pendant son bref mais tragique règne (1561-1567), alors que sévissent les conspirations et la violence, Marie Ire Stuart prône la tolérance religieuse. Mais les intrigues sanglantes qui se nouent avec – probablement – son accord tacite provoquent le scandale, et son mariage avec Bothwell, suspecté d'avoir participé au meurtre de Darnley, son deuxième mari, déchaîne la rébellion. Après avoir abdiqué en faveur de son tout jeune fils, elle s'enfuit en Angleterre, où la reine Élisabeth la tient en semi-captivité pendant dix-huit ans. Marie tente de s'évader et de former une faction soutenant ses droits au trône anglais. La rivalité entre les deux reines s'achèvera avec l'exécution de Marie, à Fotheringay, en 1587.

Réforme gagnaient du terrain. L'avènement de la **Réforme** (1560) et le retour en 1561 de la catholique Marie firent d'Édimbourg, durant les six années de règne de la reine, le théâtre des rivalités opposant les protestants, favorables aux Anglais, et les catholiques, favorables aux Français. Le fils de Marie, **Jacques VI**, fit beaucoup pour les arts pendant la période qui suivit. Enfin, lorsque Jacques et sa cour quittèrent la ville après l'**Union des deux couronnes** (1603), quelques citoyens prospérèrent à Londres, comme « Jinglin Geordie » (*voir George Heriot's School p. 40*), mais Édimbourg perdit beaucoup de son apparat et de son dynamisme culturel.

## Les dissensions religieuses et la guerre civile

Une paix relative s'ensuivit jusqu'au couronnement en 1633 à Holyrood de Charles Ier qui, reprenant la politique de son père, voulut imposer l'épiscopat (gouvernement de l'église par les évêques) et introduire le rituel anglican. Par l'accord, ou **National Covenant**, rédigé en 1638, les signataires juraient fidélité au roi mais s'opposaient à sa politique religieuse. Un an plus tard, après l'assemblée générale de Glasgow, l'épiscopat fut aboli. Les covenantaires, défenseurs de la foi réformée (presbytérianisme), s'emparèrent du château. En 1643, faute de parvenir à leurs fins, les covenantaires s'allient aux parlementaires anglais au sein de la **Solemn League and Covenant**. Ces derniers sont alors en conflit ouvert avec Charles Ier, et la **guerre civile** déchire l'Angleterre. Après bien des luttes entre partisans et adversaires du roi, y compris sur le sol écossais, Charles Ier est finalement exécuté en 1649 et la monarchie abolie pour un temps. Les covenantaires sont choqués par la mort du roi et restent peu convaincus par Cromwell (1599-1658), le nouveau dirigeant de l'Angleterre. Ils offrent alors le trône à **Charles II** (1630-1685), à condition qu'il accepte le Covenant. Désormais, c'est l'Angleterre républicaine et l'Écosse royaliste qui vont s'affronter. **Oliver Cromwell** marche sur le nord de la Grande-Bretagne et bat l'armée covenantaire à Dunbar, en 1650. L'Écosse est envahie, Charles II doit fuir en France ; les troupes de Cromwell utilisent le château et d'autres édifices comme casernes. Certains bâtiments, tel le palais de Holyrood, sont endommagés par le feu. L'Écosse est intégrée au **Commonwealth** sous la direction du Lord protecteur Oliver Cromwell et de son fils Richard de 1652 à 1660. La République de Cromwell fut une période de paix troublée à Édimbourg et beaucoup se réjouirent du retour de Charles II, même si cela signifiait la réintroduction du système épiscopal et la persécution des covenantaires exécutés à Grassmarket, ou gardés prisonniers à Greyfriars (*voir p. 40*). Au 17e s., Édimbourg comptait environ 30 000 habitants, la plupart entassés dans des conditions insalubres. En 1645, une épidémie de peste fit des milliers de victimes. À la fin du siècle, la ville était devenue un centre juridique et médical prospère. En **1707**, après l'**Acte d'Union**, les parlementaires écossais se retrouvèrent à siéger à Londres. Les membres de la profession juridique s'approprièrent alors le Parlement et commencèrent à dominer la société édimbourgeoise.



## Les mouvements jacobites

À la mort de Charles II, en 1685, la couronne passa à son frère, **Jacques VII**, converti au catholicisme. Ses tendances absolutistes conduisirent à sa destitution par le Parlement en 1689, après la naissance de son fils. C'est alors sa fille ainée, Marie, et son époux Guillaume d'Orange, qui prirent le pouvoir. S'en suivirent plusieurs révoltes, dites jacobites (lié à Jacob, Jacques) visant à remettre le descendant de la lignée mâle des Stuart sur le trône. Le dernier soulèvement, en 1745, apporta une nouvelle (et brève) période de gloire à Holyroodhouse, avec l'installation au palais de la cour du prince **Bonnie Prince Charlie** (Charles Edward Stuart), petit-fils de Jacques VII. Mais beaucoup d'habitants d'Édimbourg quittèrent la ville pour manifester leur préférence envers une solution pacifique. Les mouvements jacobites prirent fin avec la **bataille de Culloden**, dans les environs d'Inverness, en 1746.

## La période des Lumières

À la fin du 18e s., un cercle de grands hommes vivait à Édimbourg : des juges de la Cour suprême, des philosophes, **David Hume** et Dugald Stewart, l'économiste **Adam Smith**, l'architecte **Robert Adam** ou l'écrivain Henry Mackenzie. Une seconde phase de ce *Scottish Enlightenment* (Lumières écossaises), qui rayonna de 1730 à 1800 environ, fut dominée par des personnalités comme l'écrivain **Walter Scott** et le juriste lord Cockburn, le portraitiste Raeburn et des architectes tels que Robert Reid, Thomas Hamilton, William Playfair et Gillespie Graham. Ils contribuèrent à l'enrichissement de cette période dite « athénienne » d'Édimbourg.

## La Nouvelle Ville

En 1755, 56 000 personnes vivaient à Édimbourg, la plupart dans la partie haute de la Vieille Ville, insalubre et surpeuplée. Déjà, on avait commencé à raser les maisons médiévales et à bâtir

des palais néoclassiques (tels l'ancien Parlement et le Royal Exchange, aujourd'hui City Chambers). Certains habitants avaient quitté le vieux village pour s'installer dans George Square au sud. Mais les autorités abandonnèrent la rénovation de la Vieille Ville, préférant bâtir de toutes pièces une **ville nouvelle**, au nord de la vallée aujourd'hui occupée par Princes Street Gardens. Le projet d'urbanisme original fut conçu par le jeune architecte **James Craig** (1710-1795). La construction débuta en 1766 et fut stimulée par l'établissement d'édifices publics : le Théâtre royal (1767-1768), Register House (1774-1822), Physicians Hall (1775-1777) et les Assembly Rooms (1784-1787). C'est le style néoclassique ou néopalladien qui prévalut, inspiré par l'architecture de la Grèce antique.
Au cours du 19e s., la population d'Édimbourg continua de s'accroître. La Nouvelle Ville s'étendit vers l'ouest, le nord et l'est, attirant la bourgeoisie, alors que la Vieille Ville retenait les plus pauvres, dans des conditions toujours aussi misérables. À la fin du 19e s., la municipalité décida de détruire les bâtiments médiévaux qui tombaient en ruine, de percer de nouvelles rues et de bâtir de grands édifices modernes dans le style victorien.

## L'âge industriel et la renaissance culturelle

Sous l'influence, entre autres, de Walter Scott, la Grande-Bretagne victorienne redécouvre et réinvente son Moyen Âge. Les édifices construits à Castle Hill s'inspirent désormais d'un style néogothique et néo-Renaissance. Édimbourg continue en même temps à s'équiper, trouvant de la place là où elle peut : pour construire la gare de Waverley, on est obligé de démonter et déplacer la chapelle de Trinity Apse à une centaine de mètres de l'ancien site (*voir p. 31*).

## À nouveau capitale

Le centre d'Édimbourg a relativement peu changé depuis un siècle. Au cours de la Seconde Guerre mondiale, l'absence d'industries l'a protégée des bombardements. Sa principale révolution, elle la doit à son festival, créé en 1947, qui participe à la richesse financière et culturelle et à la vitalité de la cité (*voir p. 140*). Mais, indubitablement, la date du **1er juin 1999** est l'une des plus glorieuses de l'histoire récente d'Édimbourg. Après 292 ans d'absence, un Parlement écossais siège à nouveau dans la cité, hébergé dans un bâtiment dont l'architecture résolument contemporaine ancre définitivement l'Écosse dans le 21e s.

# DYNASTIES ÉCOSSAISES

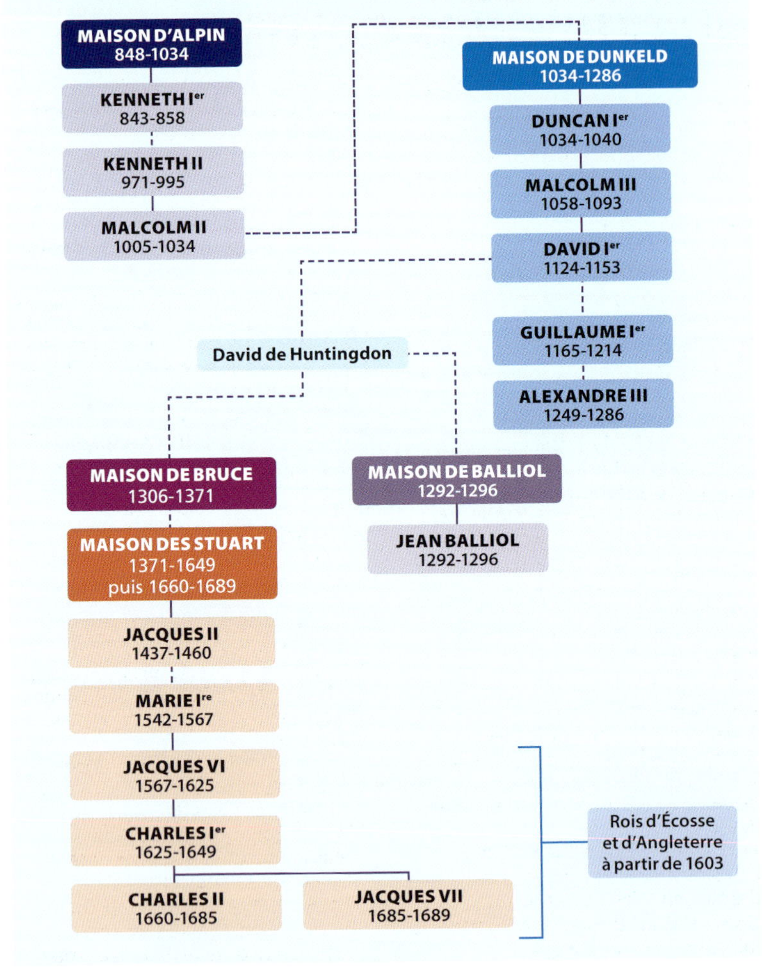

# Édimbourg et l'Écosse en quelques dates

**80** – Les Romains franchissent la Clyde et affrontent les Celtes.
**122** – L'empereur Hadrien élève un mur entre la Solway et la Clyde contre les raids pictes.
**503** – Les Gaëls d'Irlande (*Scoti* pour les Romains) s'installent en Argyll et fondent le royaume de Dalriada.
**563** – Saint Colomba (521-597) et ses successeurs irlandais convertissent les tribus et s'installent à Iona.
**7e s.** – Pictes au nord, Britons et Gaëls à l'ouest et Angles à l'est se partagent le territoire.
**8e s.-13e s.** – Invasions vikings.
**843** – Kenneth MacAlpine, roi des Gaëls, unit son territoire à celui des Pictes. Scone devient capitale d'Alba.
**1034** – Duncan Ier, roi de Strathclyde, au sud, hérite d'Alba.
**1040-1057** – Règne de Macbeth.
**12e s.** – L'Écosse conquiert le Northumberland.
**1128** – À Édimbourg, fondation de l'abbaye de Holyrood par David Ier.
**1292-1296** – John Balliol, favori des Anglais, accède au trône, reconnaît la suzeraineté de l'Angleterre mais signe un traité avec la France avant d'abdiquer.
**1296** – L'Angleterre annexe l'Écosse et la pierre de la Destinée est emportée à Westminster.
**1297** – Victoire de **William Wallace** (1270-1305) contre les Anglais à Stirling. Capturé en 1305, il sera exécuté.
**1306** – **Robert Bruce** (1274-1329) se fait couronner roi à Scone.
**1314** – Victoire de Bannockburn.
**1328** – Indépendance de l'Écosse par le traité de Northampton.
**1357** – L'Angleterre reconnaît cette indépendance par le traité de Berwick.
**Fin 14e s.** – À Édimbourg, construction de la cathédrale St Giles.
**1559** – Sermons de John Knox à Perth.
**1560** – À Édimbourg, fin de la construction du mur de Flodden qui va délimiter la ville pendant deux siècles.
**1542-1567** – Règne de **Marie Stuart**.
**1587** – Exécution de Marie Stuart pour complot, à Londres.
**1603** – **Jacques VI**, fils de Marie Stuart, unit sous la même couronne l'Angleterre et l'Écosse.
**1650** – **Cromwell** occupe l'Écosse après la bataille de Dunbar.
**1707** – **Acte d'Union** entre l'Angleterre et l'Écosse, formant la Grande-Bretagne.
**1715-1746** – Les soulèvements jacobites, en faveur du retour des Stuart, aboutissent à la défaite de Bonnie Prince Charlie lors de la bataille de **Culloden**. Le **Disarming Act** interdit le port des armes, du tartan et de la cornemuse.
**1746-1886** – **Highland Clearances** : déplacement forcé des paysans des Highlands, chassés de leurs terres.
**1766** – À Édimbourg, début de la construction de la **Nouvelle Ville**, sur les plans de James Craig.
**19e s.** – Travaux de réaménagement et d'extension de d' Édimbourg ; construction de la gare de Waverley.

**1947** – Création du Festival International d'Édimbourg.
**1973** – Entrée de la Grande-Bretagne dans la CEE.
**1975** – Première extraction de pétrole en mer du Nord, à Peterhead.
**1997** – Par un référendum sur la régionalisation, le Parlement écossais et les gouvernements locaux retrouvent d'importants pouvoirs.
**1999** – Le **Parlement écossais** siège à nouveau à Édimbourg, après 292 ans d'absence. La ville redevient la capitale politique de l'Écosse.
**2007** – Le Scottish National Party (SNP), parti indépendantiste, remporte la majorité relative aux élections.
**2014** – Référendum sur l'indépendance. Les Écossais répondent non à 55 % mais demandent et obtiennent plus d'autonomie.
**2016** – Les Écossais votent à 62 % contre le Brexit mais sont entraînés malgré cela, comme le reste du Royaume-Uni, dans le processus de sortie de l'Union européenne.
**2020** – Le Brexit, entré en vigueur le 1er février, relance les désirs d'indépendance en Écosse.
**2022** – En septembre, cérémonie à la cathédrale St Giles après le décès de la reine Élisabeth II. En novembre, la Cour Suprême britannique déclare que l'organisation d'un référendum sur l'indépendance ne serait pas légale sans l'aval du Parlement.
**2023** – Le 15 février, démission de la première ministre Nicola Sturgeon, en poste depuis 2014.

ChrisHepburn/Getty Images Plus

Intérieur du Parlement écossais.

# Les cultures gaélique et scots

## Symboles ancestraux

La légende raconte que les Scots furent avertis de l'attaque imminente des envahisseurs danois par les cris qu'ils poussèrent en marchant sur des **chardons**. C'est sans doute pourquoi Jacques III le prit pour emblème au 15e s. Partout vous verrez des drapeaux bleus barrés de diagonales blanches. C'est la **croix de Saint-André**, patron de l'Écosse, qu'il aurait miraculeusement sauvée des Angles au 9e s. Superposée à la croix rouge de l'Angleterre, elle forme l'Union Flag, le drapeau du Royaume-Uni.

## La musique et les sports

Outre les concerts et compétitions de cornemuse, les Écossais sont férus de **ceilidh**, des soirées de musique et danse traditionnelles. Des petits groupes chantent des airs en gaélique, en s'accompagnant de violon, flûte, accordéon... et toute l'assistance est invitée à danser. Toute l'année, vous pourrez participer à ces soirées dans les pubs et salles spécialisées tels que Sandy Bell's (*voir p. 115*).

Côté sport, Édimbourg n'est pas en reste : on compte de nombreux terrains de **golf**, et on regarde volontiers les rencontres de **curling** et de fléchettes à la télé. Le **football** rythme également l'année de la capitale : à l'est, il y a l'équipe Hibernian, et à l'ouest, l'équipe Heart of Midlothian. Côté **rugby**, la ville vibre lors des rencontres internationales qui se jouent au stade de Murrayfield, lors du tournoi des Six Nations par exemple. Y entendre *Flower of Scotland*, l'hymne non-officiel de l'Écosse, entonné a cappella donne des frissons !



## Et les langues ?

À Édimbourg, vous entendrez surtout parler l'anglais. Deux autres langues sont reconnues par le Parlement écossais : le **gaélique écossais**, surtout parlé dans l'ouest du pays, ainsi que le **scots**, une langue proche de l'anglais d'origine germanique. Elle est surtout parlée dans le sud et l'est du pays. Vous reconnaîtrez vite quelques mots : *wee*, qui signifie petit, ou encore *dreich*, qui qualifie la météo humide et sombre...

# Édimbourg à l'écran...

Avec ses rues pavées, ses points de vue incroyable et ses allées sombres, Édimbourg crève l'écran. Pas étonnant de retrouver la capitale écossaise en arrière-plan de tant de films !

## Sunshine on Leith (2013)

Ce film plutôt frais et pimpant, adapté de la comédie musicale du même nom, se déroule in extenso dans les rues d'Édimbourg. On y voit le quartier de Leith, mais aussi la Vieille Ville : Grassmarket, Calton Hill, le Royal Mile... Le petit plus, c'est la bande sonore, signée du groupe écossais The Proclaimers. L'histoire raconte le retour à la maison de deux soldats écossais, engagés en Afghanistan.



## The Prime of Miss Jean Brodie (1969)

À mettre sur la pile des fans de l'actrice Maggie Smith ! Ce drame, basé sur le roman de Muriel Spark *(lire ci-contre)*, dépeint l'Édimbourg des années 1930, ou un groupe de jeunes élèves se prennent d'affection pour leur enseignante, Miss Jean Brodie. Un film parfait pour découvrir Édimbourg avec une petite touche vintage.

## Trainspotting (1996 et 2017)

Bien que seule la première scène du film originel ait été tournée dans les rues d'Édimbourg, *Trainspotting* est un immanquable pour voir un autre côté de la culture et de l'histoire écossaise. On suit un groupe d'amis du quartier de Leith, confrontés à la pauvreté, l'addiction, le crime organisé, mais qui tentent le tout pour le tout pour s'en sortir. La suite, 20 ans plus tard, montre Édimbourg sous un très beau jour.

## Guilt (2019)

Cette série télévisée palpitante explore la relation entre deux frères – l'un est un petit mafieux de quartier, l'autre un musicien – lorsqu'ils renversent accidentellement un piéton, qui meurt sur le coup. Comme on peut le présumer, tout ne va pas se passer comme prévu.

## Eurovision Song Contest : the Story of Fire Saga (2020)

Un film drôle et sans prétention qui retrace le parcours de Lars, un musicien islandais complètement barré, et son amie Sigrit, qui représentent, contre toute attente, l'Islande à l'Eurovision. Et cette année-là, le concours à lieu à Édimbourg ! La capitale écossaise tient le beau rôle.

## Our Ladies (2021)

Un magnifique film qui se déroule dans les années 1990, où une bande de copines de Fort William vivent une journée d'aventures à Édimbourg à l'occasion d'un concours de chorale organisé par leur école. Un récit coloré et plein de contradictions sur l'adolescence et la liberté.

# ... et dans la bibliothèque

**Cité des Lettres de l'Unesco** depuis 2004, Édimbourg n'a eu de cesse d'inspirer les écrivains. Dans le sillage des grands classiques, comme les romans historiques de Walter Scott, voici quelques titres contemporains et inspirants pour se plonger dans l'ambiance de la ville.

## Les belles années de Mademoiselle Brodie, Muriel Spark

**(Robert Laffont, 2020).** Dans l'Écosse des années 1930, Mademoiselle Brodie est une enseignante hors-pair et incontrôlable. Sa mission : préparer ses jeunes élèves à la vraie vie, et pas seulement aux examens ! Autour d'elle rode un groupe d'adolescentes, dont on va peu à peu suivre la vie. Une réflexion sur l'éducation, qui laisse le lecteur perplexe sur le rôle et la position de cette enseignante pas comme les autres.

## Les Chroniques d'Édimbourg, Alexander McCall Smith

**(10/18, 2013).** Bienvenue au 44, Scotland Street, où tous les voisins ont des vies tout à fait passionnantes. Dans de courtes chroniques, on part à la rencontre des habitants, étage par étage, famille par famille. On aime la fraîcheur de la plume et la richesse des personnages, tous attachants.

## L'Étrangleur d'Édimbourg, Ian Rankin

**(Le livre de poche, 2004).** Un roman pour se plonger dans l'univers noir et glaçant de la capitale écossaise, sur les talons de John Rebus, l'inspecteur au passé trouble imaginé par le romancier édimbourgeois Ian Rankin. Les descriptions qu'il fait d'Édimbourg sont bien loin des clichés et nous emmènent dans les artères les plus sombres de la ville. Bonne nouvelle : si vous avez accroché, il y en a des dizaines d'autres !

## L'Étrange disparition d'Esme Lennox, Maggie O'Farrell

**(10/18, 2009).** Deux femmes, deux époques, un histoire mystérieuse qui trouve enfin quelques réponses. Esme Lennox, après une vie de recluse dans un asile, réapparaît dans le monde, où sa nièce, patiemment, récolte toutes les pièces du puzzle de sa vie. Une vie gachée ? Peut-être. Mais avant tout, une vie mise en lumière, et enfin écoutée. Un roman à lire sur la pointe des pieds.

## J'ai laissé mon cœur dans les brumes d'Édimbourg, Carolina Lozano

**(Bayard Jeunesse, 2014).** Un roman très accessible aux ados – mais parfait pour les adultes également – où l'on suit Liadan, qui étudie à Édimbourg et qui tisse une relation étrange et belle avec Alastair, qui s'avère être un... fantôme. Une lecture légère et poétique pour se mettre dans l'ambiance d'Édimbourg comme dans un bon bain.

# Les tartans

Symbole de l'Écosse, le tartan est un tissu fabriqué à partir de laine et décoré de bandes colorées qui se croisent à angles droits : on connaît mieux ce motif sous le nom d'écossais. Son origine est aussi ancienne que celle des clans. Dans les Highlands existait alors un grossier vêtement de laine que l'on teignait avec des plantes (fougère pour le jaune, myrtille pour le bleu, écorce d'ajonc ou genêt pour le vert). Les motifs correspondaient plus ou moins au district dans lequel un tisserand particulier opérait. Et le choix des couleurs n'était pas codifié. Dans les premiers portraits écossais, il est d'ailleurs courant de voir un personnage porter différents motifs en même temps. Dès le 16e s., les habitants de la région portaient quotidiennement un plaid à la ceinture *(feileadh mor)*. Le petit kilt *(feileadh beag)* commença à se développer et devint populaire au 18e s. Également appelé « kilt moderne », il correspond à celui que l'on connaît, uniquement jupé, par opposition aux premiers kilts qui, à la fin du 16e s., enveloppaient non seulement le bas du corps mais aussi le haut. Un kilt classique peut utiliser jusqu'à 7 m de tissu. On peut voir des tartans au **Tartan Weaving Mill & Exhibition** (*voir p. 25*).



## De l'interdiction à la gloire

L'Acte de proscription (1746) avait interdit le port du costume traditionnel des Highlands, à l'exception des régiments de Highlanders appartenant à l'armée de la Grande-Bretagne. En 1782, l'abrogation de cet acte ne vit pas un retour massif du port de ce vêtement dans les Highlands. Walter Scott, au début du 19e s., a présenté sous un nouveau jour romantique les fiers guerriers du nord de l'Écosse. En 1816, la Highland Society de Londres proposa aux clans de déposer leurs couleurs. En 1822, lors de son passage à Édimbourg, qui constituait la première visite d'un souverain britannique depuis 1651, George IV arbora un kilt aux couleurs des Stuart. Mais la vogue du tartan prit réellement son essor dans les années 1850 avec l'achat du château de Balmoral par la reine Victoria et le prince Albert. À cette occasion, ils firent créer un tartan pour la décoration du château : le balmoral.

## Toujours à la mode

Il existe encore un tartan pour toute occasion de la journée. La forme la plus courante reste le **kilt**, principal élément de la tenue des Highlanders. L'introduction des colorants à base d'aniline au début du 19e s. permit d'obtenir des couleurs vives et crues qualifiées de « modernes ». Le **tartan de soirée** fut également une innovation de cette époque : fabriqué avec une étoffe à fond blanc, il servait de tenue de soirée pour les hommes.

# Le whisky

Le **Scotch Whisky**, appellation utilisée pour désigner le whisky d'Écosse, est un produit de qualité et de réputation internationale. L'industrie du whisky représente la source de revenus la plus importante à l'exportation.
L'eau-de-vie se dit en gaélique *uisge beatha*. Le premier mot, qui se prononce *üshke*, a donné naissance, au fil du temps, à l'anglais *whisky*.
Au 15e s., ce sont les moines qui distillaient de l'eau-de-vie. Ensuite, de nombreuses distilleries furent fondées. La production connut une forte croissance à partir des années 1880. Le mélange d'alcools *(blended whisky)* permit d'obtenir une boisson plus goûteuse aux palais étrangers.

## La fabrication

Le whisky est fabriqué à partir de grains d'orge que l'on imprègne d'abord d'eau. Puis le grain est retourné régulièrement à même le sol, séché et parfois parfumé dans un four au-dessus d'un feu de tourbe. L'orge est ensuite écrasée et mélangée avec de l'eau de source bouillante. Le liquide extrait de cette mixture va macérer ensuite durant deux jours avec de la levure pour produire l'alcool *(wash)*. Il passe alors dans d'énormes alambics en cuivre *(pot-still)*. Il faut deux distillations pour obtenir l'extrait à haute teneur en alcool, qui mûrira dans des tonneaux de chêne durant une période minimale de trois ans.

## Malt whisky

Le caractère de cette boisson et les différences subtiles qui distinguent chaque malt whisky dépendent de la qualité de l'**orge** et de l'**eau**, du **climat** aussi. Le choix du tonneau est également très important dans l'élaboration des saveurs. Chaque distillerie possède sa forme d'alambic propre, car cela a un impact direct sur le goût.

## Blended whisky

Il est obtenu grâce au mélange de différents whiskies, soit des malts, soit des whiskies de grains (fabriqués à partir d'autres céréales, comme le maïs ou le blé). C'est le whisky le plus vendu dans le monde.



## Les goûts du malt whisky

Il existe cinq régions pour les malt whiskies : **les Lowlands** : le goût suave du malt domine avec des notes herbacées ; **les Highlands** : au nord, les whiskies sont secs avec une dominante de tourbe nuancée par des notes de bruyère et de miel. À l'est, entre Inverness et Aberdeen, dans la vallée de la **Spey**, ils sont moelleux avec des notes fruitées ; **les Islay** : venant de l'île éponyme, ils affichent un caractère insulaire : iode, varech ; **les Campbeltown** : doux et salés, ils se distinguent par des touches plus fumées ou plus tourbées.
Pour en savoir plus, visitez une distillerie *(p. 135)* ou The Scotch Whisky Experience *(p. 24)*. Il y a toujours une dégustation à la clé !

# Saveurs écossaises

En dehors de l'inévitable *fish & chips*, l'Écosse propose une cuisine originale basée sur la qualité de produits naturels du pays et revisitée avec brio par des chefs talentueux : Paul Wedgwood *(p. 91)*, Mark Donald du Number One *(p. 94)*, Tom Kitchin et Martin Wishart à Leith *(p. 99)*...

## Les soupes

La plus célèbre **soupe** écossaise est la **cock-a-leekie**, faite à partir d'un bouillon de volaille dans lequel mijotent des morceaux de volaille et de poireau, du riz et quelques pruneaux.
Le **Scotch broth** est à base de bouillon de bœuf ou de mouton, avec de l'orge, des pois cassés et des légumes variés.
La **Cullen skink** est composée de haddock fumé, de lait et de purée de pomme de terre. Quant au **partan bree**, il est réalisé avec du crabe et des noix, relevé de moutarde et de vinaigre de vin, le tout étant recouvert de chapelure et doré au four.



## La viande

Typique de l'Écosse, le **mince and tatties** est une base de bœuf haché mélangée au jus de la viande, accompagnée de purée de pommes de terre (*tatties*). Le **bœuf d'Aberdeen** est servi en rôti ou en steak cuit à point, nappé d'une sauce au vin et aux champignons, et accompagné de légumes variés et des incontournables frites.
L'agneau est préparé en rôti, en ragoût, cuisiné à la cocotte ou en croûte.

L'Écosse ne serait pas l'Écosse sans le **haggis**, la célèbre panse de brebis farcie. Ce plat servi chaque 25 janvier pour l'anniversaire du poète Robert Burns (*voir p. 141*) est composé d'abats de mouton (foie, mou et cœur) mélangés avec des flocons d'avoine, de l'oignon et des épices. Le mélange est bouilli dans une panse de brebis, qui ne sert que d'enveloppe et n'est pas consommée, et servi avec une purée de navets *(bashed neeps)* et de pommes de terre *(chappit tatties)*.
Si vous désirez seulement grignoter, goûtez les *Forfar bridies*, petits chaussons fourrés à la viande.
Côté gibier, goûtez le chevreuil et la petite perdrix rousse, la **grouse**, un jeune oiseau rôti enroulé dans du bacon, un véritable régal. On trouve également au menu faisans, bécasses, lièvres, sangliers...

## Les poissons

Parmi les nombreuses variétés de poisson, le **saumon** occupe la première place. Servi frais ou fumé, il reste un mets de luxe. Le classique saumon poché est préparé dans un court-bouillon d'eau, de vin et de légumes. On goûtera aussi la truite et la truite saumonée, à la chair délicate.
Le petit-déjeuner comprend souvent l'**Arbroath smokie**, un haddock salé et fumé, ou le **finnan haddie**, un haddock salé et séché sur la plage avant d'être fumé au feu de tourbe, ou encore le **kipper**, un hareng coupé en deux, salé et fumé. L'Écosse est également une

grande productrice de coquillages et crustacés (saint-jacques, crabes, crevettes, homards, langoustes...). Parmi les incontournables figurent les pinces de crabes géants *(partan claws)* ou les demi-homards (*half-lobster)* accompagnés de frites. Dernier produit de la mer, on peut déguster l'algue, de couleur verte et noire, chaude et entourée de bacon, de tomates et de toast (le *laverbread* gallois), ou froide comme accompagnement pour les fruits de mer.

## Les fromages

Il existe plusieurs variétés de **Cheddar**, fromage de vache à pâte dure, dont le *Loch Arthur Farmhouse*, le *Orkney Extra Mature Cheddar* et le *Seriously Strong Cheddar* (affinage de 18 à 24 mois), plus fort. Pour les amateurs de pâte dure mais préférant les saveurs plus douces, le *Dunlop* fabriqué dans l'Ayrshire, au sud-ouest de l'Écosse, conviendra parfaitement, tout comme le *Gowrie* au goût assez proche.
Du côté des fromages de vache à pâte molle, le **Caboc**, originaire des Highlands, est un incontournable : fabriqué à partir de crème de lait, il est roulé dans des flocons d'avoine.
Le **Crowdie**, à base de lait écrémé, est recouvert d'avoine et de poivre.
Citons aussi le *Bishop Kennedy* au goût velouté avec une pointe d'épices, ou le **Bonchester** concocté à partir de lait récolté entre mars et décembre.
Enfin, vous vous laisserez peut-être tenter par les fromages de l'île de Mull, parfumés d'ail et d'oignon, ou au cumin et au poivre. Pour les amateurs de bleus, il existe un fromage de l'Ayrshire, le *Dunsyre Blue*.
Mais pour ceux qui ne le conçoivent qu'à base de lait de brebis, il faudra se tourner vers le *Lanark Blue*. Enfin, le **Galloway Goat's Milk Gems**, mariné avec des herbes et de l'ail, et le *Lairoble*, au goût d'herbe relevé d'une pointe d'amande, devraient exciter la curiosité des inconditionnels du fromage de chèvre. Servis avant ou après les desserts, tous ces fromages sont le plus souvent accompagnés des traditionnelles *oatcakes*, des galettes d'avoine.

## Les desserts

Les fruits sont d'excellente qualité et à la bonne saison vous pourrez vous régaler des baies qui croissent sous le soleil clément de l'Écosse (fraises, framboises, cassis, mûres...). Laissez-vous tenter par le **Cranachan**, qui accommode les framboises avec du miel, des flocons d'avoine, de la crème fouettée et un soupçon de whisky, ou par une tarte au caramel et sa couche de meringue.
Parmi les gâteaux, on retrouve les **scones** (au fromage ou au raisin), les *bannocks* (à mi-chemin entre les scones et les crêpes), les *baps* (petits pains mollets), le **Dundee cake** (cake aux fruits et aux amandes) et les sablés *(shortbreads)* qui accompagneront aussi bien le thé que le whisky. Au moment des fêtes, on vous servira peut-être le **black bun**, un cousin du pudding.

**Collection sous la direction de Philippe Orain**

**Responsable d'édition et rédactrice en chef du guide :** Florence Dyan

| | |
|---|---|
| **Secrétaire d'édition** | Emmanuelle Souty |
| **Rédaction** | Archipel Studio, Jean-Philippe Follet, Alexandra Forterre, Laurent Gontier, Pierre Grundmann, Guylaine Idoux, Sarah Lachhab, Mélanie des Monstiers, Elisabeth Morris, Guillaume d'Oléac d'Ourche, François Sichet |
| **Ont contribué à ce guide** | Steluța Anghel, Costina-Ionela Lungu (**Cartographie**), Véronique Aissani, Carole Diascorn (**Couverture**), Marion Capera, Marie Simonet, Ilona D'Angela (**Iconographie**), Bogdan Gheorghiu, Cristian Catona, Hervé Dubois, Pascal Grougon (**Prépresse**), Dominique Auclair (**Pilotage**) |
| | Plans et cartes : © MICHELIN 2022 |
| **Conception graphique** | Laurent Muller (maquette intérieure)<br>Véronique Aissani (couverture) |
| **Régie publicitaire et partenariats** | contact.clients@editions.michelin.com<br>*Le contenu des pages de publicité insérées dans ce guide n'engage que la responsabilité des annonceurs.* |
| **Contacts** | Vous souhaitez nous contacter ?<br>Rendez-vous dans la rubrique contact de notre site internet : editions.michelin.com |
| | **Parution 2023** |



Crédits photographiques p. 4-5
(page de gauche de haut en bas)
Kenny Lam/VisitScotland
benedek/Getty Images Plus
Kenny Lam/VisitScotland
Kenny Lam/VisitScotland
ewg3D/Getty Images Plus
(page de droite de haut en bas)
TomasSereda/Getty Images Plus
Kenny Lam/VisitScotland
L. De Simone/AGF RM/age fotostock
Kenny Lam/VisitScotland
Wirestock/Getty Images Plus

**MICHELIN Éditions**
Société par actions simplifiée au capital de 487 500 EUR
57 rue Gaston Tessier – 75019 Paris (France)
R.C.S. Paris 882 639 354

Toute reproduction, même partielle et quel qu'en soit le support, est interdite sans autorisation préalable de l'éditeur.

© 2023 MICHELIN Éditions - Tous droits réservés
Dépôt légal : 04-2023 – ISSN 0293-9436
Compograveur : Michelin Éditions, Voluntari (Roumanie)
Imprimeur : Estimprim, Autechaux
Imprimé en France : 03-2023

Usine certifiée 14001
Sur du papier issu de forêts bien gérées